わが家は
低塩・無添加のお漬物
―― プロ技伝授 ――

大島 貞雄

東京農大出版会

わが家は低塩・無添加のお漬物
── プロ技伝授 ──

はじめに

　家庭の漬物つくりは、漬けて幾日も液が上がらないため、失敗するケースが多い。本書はコツ以外に、容器の大きさや重石等を記載していて、初心者にも漬けられるよう工夫している。

　一方、漬物企業は、食品添加物を扱うメーカーの技術指導で伸びてきた。近年は寡占化と共に研究室のしっかりとした企業が優勢となってきたが、まだ、食品添加物依存の体質は残っている。しかし、漬物企業の漬物は、本来、家庭漬がもとであった。現在の漬物業においては、本来の家庭漬を知っている人がいないことから、マニュアルで造っていても、段々マニュアルとは違って来て、気づかないで、本物もどきの漬物となってきている。

　そこで、家庭や消費者に本物の漬物を届けるため、本物の漬物を造る漬方のコツを残す必要を感じた。そのため、次のことを念頭にこの本を書いた。
1　漬物用野菜の品種　2　塩漬のコツ　3　簡単で安全な乳酸発酵の方法　4　添加物に頼らない調味、食塩濃度記載　5　新野菜の漬物と、市販されていない漬物（新製品）の紹介

　以上、家庭では、失敗しない漬物つくりができるように、一方、企業においては、忘れかけている本格的漬物をもう一度見直し、新製品開発の一助としたい。
　本書でおいしい漬物をつくり、食生活を楽しんで頂けることを願っている。

目 次

はじめに ……………………………………………………………………………… 3

第1章　添加物に頼らないシンプルでおいしい漬物 ……………… 7
- ●干したくあん漬 …………………………………………………………… 8
- ●べったら漬 ………………………………………………………………… 10
- ●干しダイコンのしょうゆ漬、みそら漬 ………………………………… 13
- ●ユズ風味漬 ………………………………………………………………… 15
- ●紅しぐれダイコンの酢漬 ………………………………………………… 16
- ●レディスダイコンの白しょうゆ漬 ……………………………………… 17
- ●キュウリ浅漬 ……………………………………………………………… 18
- ●ショウガ浅漬、古漬 ……………………………………………………… 19
- ●シロウリ浅漬、古漬 ……………………………………………………… 21
- ●キャベツ浅漬 ……………………………………………………………… 23
- ●カラシナ浅漬 ……………………………………………………………… 24
- ●ナガイモ浅漬 ……………………………………………………………… 26
- ●セロリ浅漬 ………………………………………………………………… 27
- ●青ネギ辛 …………………………………………………………………… 28

第2章　添加物に頼らない「基本の漬け方」で一変するおいしさ ……… 29
- ●ハクサイ漬 ………………………………………………………………… 30
- ●梅干し ……………………………………………………………………… 32
- ●シソ甘露梅 ………………………………………………………………… 34
- ●ハクサイキムチ …………………………………………………………… 35
- ●タマネギキムチ …………………………………………………………… 38
- ●ラッキョウキムチ ………………………………………………………… 38
- ●ニンニクキムチ …………………………………………………………… 39
- ●べったらキムチ …………………………………………………………… 39

第3章　添加物に頼らない乳酸発酵でおいしくなる漬物（古漬）……… 41
- ●ぬか漬 ……………………………………………………………………… 42
- ●ラッキョウの乳酸発酵 …………………………………………………… 44
- ●塩、しょうゆ、酢、ピリ辛ラッキョウ ………………………………… 45
- ●ブルーベリーラッキョウ、カシス（クロスグリ）ラッキョウ ……… 46
- ●たまり漬ラッキョウ ……………………………………………………… 47
- ●塩水漬による乳酸発酵からのナスしょうゆ漬 ………………………… 48
- ●ぬか床による乳酸発酵からのナスしょうゆ漬 ………………………… 50

- ●塩水漬による乳酸発酵からのキュウリしょうゆ漬 ……………… 51
- ●生しば漬 ……………………………………………………………… 52
- ●民宿風本格野沢菜漬 ………………………………………………… 53

第4章　添加物に頼らない新しい漬物　55

- ●甘酒漬 ………………………………………………………………… 56
- ●即席ピクルス ………………………………………………………… 57
- ●古漬ピクルス ………………………………………………………… 59
- ●カボチャの漬物 ……………………………………………………… 60
- ●行者ニンニクの漬物（しょうゆ漬） ……………………………… 62
- ●マコモダケの漬物 …………………………………………………… 63
- ●茎レタス（乾燥したものは山くらげ）の漬物 …………………… 65
- ●ミョウガの漬物 ……………………………………………………… 67
- ●エディブルフラワーの漬物 ………………………………………… 68

第5章　原料となる野菜や調味料　71

漬物用の野菜品種 ………………………………………………………… 72
食塩濃度と％表示 ………………………………………………………… 72
調味料 ……………………………………………………………………… 73
漬物の漬かる原理など …………………………………………………… 74
塩漬方法コツなど ………………………………………………………… 74
漬物に関係する野菜の機能性成分 ……………………………………… 75
調味料の機能性成分 ……………………………………………………… 75
乳酸菌の機能性成分 ……………………………………………………… 76

第1章　添加物に頼らないシンプルでおいしい漬物

●干したくあん漬

重石をダイコンの5倍載せ、ダイコンの旨味を引き出す

干したくあん漬

干した耐病干し理想大根

副原料のナスの葉

たくあん漬の副原材料

(1) 特徴

　干したダイコンを塩、ぬか、薬味のみで漬けた本格的たくあん漬（一丁漬）である。市販の多くは、東京たくあん（塩押したくあん）で、生のダイコンを塩漬け、漬替えを1〜3回することにより、肉質を干しにちかづけ、味の足らない分をグルタミン酸ナトリウム等の食品添加物を加え、本来の干したくあん漬にちかづけているものである。

(2) 賞味期限

　漬込一週間後は、浅漬（早）漬として食べられる。たくあん漬としては、製造後1ヵ月経てから食べた方が良い。塩度が低いため、3月中旬以降の暖かくなる前に、取り出し、たくあん漬とぬか床を一本ずつポリ袋へ入れ（ぬか床でたくあん漬を覆う）、空気を追い出して密閉する。冷蔵庫で保存する。1年経ったものでも、独特な風味があり、おいしい。

注）　干しダイコンの両端を結べるまで干し、ぬか4％、食塩を8％以上（通常は9％）で、秋まで充分に熟成したものは、塩気を感じなくおいしいが、塩分を取りすぎる面があるため、健康志向からこの方法は奨めない。

（3）製法
　干し7〜14日間→ぬか漬
① ダイコンの品種
　ダイコンの品種は、「耐病干し理想」、「秋まさり」、「練馬大根」等の白系の秋冬大根が良い。最近は白系ダイコンの栽培が少ないため、青首ダイコンでの製造が増えているが、味は白系より劣る。
② ダイコンの干し
　葉がついたまま乾燥する。北風にさらし、葉の緑が褐変しないように乾燥する。雨や凍る恐れがある場合は、むしろ等で覆う。1〜2週間干す。
③ 糠床の配合割合
　（％はダイコンに対して）ぬか床は計量後、混合して置く。

	2月末まで	3月末まで
ぬか	10%	10%
塩	4	5
砂糖	8	5
ミカンの皮（刻み、乾燥）	0.2前後	左に同じ
ナスの葉（乾燥）	―	0.2前後
唐辛子（輪切り）	0.05〜0.08	左に同じ
	（食塩濃度）約3.2%	（食塩濃度）約4.1%

注）1　唐辛子は、必ず入れた方が良いが、ナスの葉、ミカンの皮の代わりに、ユズ、渋柿の皮等を好みにより入れても良い。但し、多いと特徴がなくなるため、種類は2種類くらいの方が良い。
　　2　ナスの葉は、葉が青いのを収穫して、陰干しすれば、青色が鮮明なまま乾燥できる。乾燥後、手で揉めば、容易に細かくなる。

④ タルへの漬込
　タルに敷いたポリ袋の中に漬込む
　漬けたら、重石板と重石をポリ袋で包んで載せる

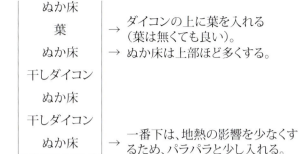

ぬか床 → ダイコンの上に葉を入れる（葉は無くても良い）。
葉
ぬか床 → ぬか床は上部ほど多くする。
干しダイコン
ぬか床
干しダイコン
ぬか床 → 一番下は、地熱の影響を少なくするため、パラパラと少し入れる。

注）1　重石はできるだけ重くして、出来れば1日、遅くても3日で液が上がるようにする。30Lタルに干しダイコン20kgを漬込んだ場合、重石は100kg載せる。ダイコンとハクサイは重石が強いほどおいしくなる。但し、液が上がれば、重石を軽くする（ダイコンの1/4〜同量、常に、液が上がっている重さ）。
　　2　2月以降のカビ（正しくは産膜性酵母）止めに、液が上がってから、上部漬液へ35度焼酎をダイコンの1.5%（アルコールとして0.5%）、または、食酢をダイコンの1/42（酢酸として0.1%、塩を食酢に対して5%溶かす）入れると良い。アルコールの場合、ショウショウバエが入る恐れがあるため、容器上部を密閉する必要がある。
　　3　30Lのプラタルで20〜25kg漬けることができる。

⑤ たくあん漬の黄色色素
　11、12月に漬けた、たくあん漬は、翌年の1月になると白から黄色になる。ダイコンの辛味成分グルコシノレート（尻尾に多く、次に頭に多い）が、酵素ミロシナーゼ（皮に含まれる）によって辛いイソチオシアネートとなり、それがアミノ酸のトリプファンと結合すると白色から黄色になる。この辛味成分グルコシノレートは、苦味の原因となる。ダイコン品種の秋まさりは、辛味成分が多い。

●べったら漬

甘味は砂糖、風味は甘酒で、おいしいべったら漬

べったら漬

青首大根の白部を使用する

塩漬した剥皮ダイコンを並べ砂糖を一番上に撒く

重石を載せる

砂糖が溶け液が上がる

左が甘酒を添加したもの、右が添加前の糖漬ダイコン

(1) 特徴

　本来のべったら漬は、麹漬であるが、市販のものは、麹量は少ない。そのため、色が白くて甘いが、麹の風味はない。ここでは、甘さは、砂糖に負うところが多いが、麹を糖化した甘酒を添加しているため、本来の麹の風味と甘さがある。

(2) 賞味期限

　製造後3日経れば食べられる。麹は菌が増殖しやすいため、ポリ袋を開封したら、一週間以内に食べきった方が良い。製造直後からポリ袋に密閉したままならば冷蔵庫（5℃以下）で1ヵ月保存可能である。

(3) 製法

　傷み易いため、12月に入り、寒くなってから加工した方が良い。

　尾切・首切・剥皮ダイコン→切断→塩漬→糖漬→ポリ袋でダイコンと甘酒を空気を追い出して密閉

① 品種

　企業においては、昔は美濃早生大根が使われ、べったら漬に適していたが、現在は、「耐病干し理想」、「秋まさり」等の白系の秋冬大根が主である。青首は、漬けると青部が黒くなることから、青の少ない品種の耐病総太り大根等が使用されている。一般には、これらの品種は手に入りにくいため、青首の青部をカットして使用すれば、白いべったら漬ができる。

② 尾切・首切・剥皮ダイコン

　尾部、首部を多く切ったり、厚く剥皮した方が、色は黄色くならない。

③ 切断

　二つ割り、四つ割りと小さく切断しても、良い。小さいものを隙間に入れた方が、良く漬かる。

④ 塩漬

　約20L桶に尾切・首切・剥皮したダイコン10kgを入れ、ダイコンが上から濡れるように塩水6.4L入れる。重石は、重い方が良い。50kgと重くても良い。液を速く上げるのがコツである。上がったら、液が常に上がっている程度の重石10kgとする。液が上がって1日経てから糖漬とする。

　塩水濃度は約9.4%（塩0.63kgへ水を入れて6.4Lする）、ダイコンの塩%＝0.63/（10+6.4）×100＝3.8%

⑤ 糖漬

　塩漬の塩水を捨て、塩漬ダイコンの15%の砂糖で糖漬する。糖漬の方法は、砂糖を塩と見なして漬ける。糖漬の場合、液は上がり易い。重石は、20kgで液を上げ、上がったら10kgとする。一週間糖漬する。

⑥ 甘酒漬

　糖漬の液を捨てた糖漬ダイコンと甘酒1〜3割をポリ袋に入れ、空気を追い出し密閉して冷蔵庫で保存する。（食塩濃度　約2.7〜3.3%）

◎真夏でも製造可能な、ベテランが行うべったら漬（糖漬ダイコン）造り―塩漬と糖漬を一緒―

塩と砂糖で塗らした剥皮ダイコンを並べ、真中を高くする

残りの塩と砂糖を一番上に置く

底が平らな（重石の代わりとなる）6kg 重石を載せる

さらに、直ぐに重石 15kg 載せる重石合計 21kg

3 時間後、充分に漬液が上がる

① 1回目の糖漬

　白部大根（約4kg）→剥皮→横に切断（15～20cm）→さらに縦に切断・二等分→8Lのタルを使用し、5％塩、15％砂糖を混ぜ、その1/3で大根を塗す。残り2/3を大根の上に乗せる。重石は約20kgと重くて良い→数時間で液が十分に上がる。

② -1 2回目の糖漬と保存

　液を捨て、冷蔵庫で、2Lの角型漬物容器で15％砂糖で漬ける（上部のみに砂糖を置く）。強く押して液が上がったら、押しを弱くする→冷蔵庫2日以上→液を捨てて使用する。なお、ポリ袋で糖液と供に密封し、冷蔵庫（5℃以下）で保存すれば、4週間保存できる。

② -2 漬物容器でなく、タルで行う方法

　1回目の糖漬が約5時間（重石約20kgで液を充分に上げてから5kg軽くする）、2回目の糖漬が約4時間（重石は8kgから5kg）とし、ポリ袋で密閉して、冷凍庫で急冷（約2時間、−4℃でも凍らない）して冷蔵庫（5℃以下）保存。4週間保存できる。

注）彼岸（9/18）の糖漬ダイコンの常温製造に於ける糖漬の重石と時間（製法は真夏の常温製造に準じる。温度が低いと漬かりが遅くなる）

　1回目の糖漬　重石：6kg → +15kg → 6kg
　　　　　　　　　　　3時間　1時間
　　　　　　　　　　　タル底に少し砂糖が残

　2回目の糖漬　重石：6kg+6kg → 6kg
　　　　　　　　　　　3時間　5時間
　　　　　　　　　　　タル底に少し砂糖が残

●干しダイコンのしょうゆ漬、みそら漬

◇干しダイコンのしょうゆ漬
糖しぼりの原理で大根の甘みを引き出し、しょうゆの香味を生かす
注）砂糖の浸透圧は、塩に匹敵する。砂糖で漬けるとダイコンの水分が出てきて、ダイコンの甘味が濃縮される。このことを**糖しぼりの原理**と言う。

(1) 特徴
　干しダイコンとしょうゆの風味がマッチしている。

(2) 賞味期限
　製造後一週間経てから食べられる。ポリ袋から取り出す毎に、残ったしょうゆ漬は、空気を追い出して密閉した状態で冷蔵庫（5℃以下）で保存すれば、約1ヵ月間おいしく食べられる。製造直後に密封し、ポリ袋を開封しなければ冷蔵庫（5℃以下）で3ヵ月間保存可能である。

(3) 製法
　干しダイコン→干しダイコンの殺菌→切断→しょうゆ漬
① 干しダイコン
　晴天で葉を付けたまま約一週間干す。干し歩留は約70％で干し過ぎない方が良い。青首より白系大根がおいしい。
② 干しダイコンの殺菌
　縦割りしないで、鍋の大きさに合わせ、1本を二つ、ないし、三つに丸のまま、横に切断する。切断した干しダイコンを、沸騰水へ入れ、再び沸騰させてから約1～2分殺菌する。
注）熱は内部へ伝導しないため、ダイコンの軟化はない。

③ 切断
　味が浸透し易いように2～4等分に縦に切断
④ しょうゆ漬
　次の調味液を鍋で加熱した沸騰寸前の液と殺菌済み干しダイコンとを、ポリ袋へ入れて空気を追い出して密閉する。
⑤ 葉の利用
　葉もおいしく食べられる。葉は干し過ぎない方が良い。ダイコンは一週間干すが、葉は晴天で3～4日間で良い。

〈しょうゆ漬の調味液〉沸騰寸前まで加熱する

水	40ml
しょうゆ	200ml
本みりん	100ml
砂糖	60g
唐辛子（一味）	0.3～0.6g（0.3g：子供用）
食酢	12ml
レモン酢等	12ml
	424.3
干しダイコン	1kg

注）1　レモン酢等は第5章　原料となる野菜や調味料、酸味料（73p）を参照
　2　10kg以下の場合、ポリ袋で密閉し、タルを使用しなくて良い。15kgと多い場合は20Lのタルを使用した方が良い。
　3　12月に入れば気温が低いため、冷蔵庫保存でなくても、良い。但し、太陽の当たらない場所とする。
　4　白系ダイコン、または、青首ダイコンの白部を同様に加工しても、おいしく食べられる。
（食塩濃度　約2.5％）

◇干しダイコンのみそら漬

糖しぼりの原理で大根の甘みを引き出し、みそら床（味噌、酒粕、砂糖）の香味を生かす

注）砂糖の浸透圧は、塩に匹敵する。砂糖で漬けるとダイコンの水分が出てきて、ダイコンの甘味が濃縮される。このことを**糖しぼりの原理**と言う。

干しダイコンのみそら漬

ポリ袋入りみそら漬

(1) 特徴
干しダイコンとみそら床（味噌3、酒粕1、砂糖1）の風味がマッチしている。

(2) 賞味期限
製造後一週間経てから食べられる。ポリ袋から取り出す毎に、残ったみそら漬は、空気を追い出して密閉した状態で冷蔵庫（5℃以下）で保存すれば、約1ヵ月間おいしく食べられる。製造直後に密封し、ポリ袋を開封しなければ冷蔵庫（5℃以下）で3ヵ月間保存可能である。なお、ポリ袋を密閉するとき、空気と接するみそら床がポリ袋へ付着する。この付着したみそら床には、空気が多いため、酵母（*Hansenula anomala*）が生育してエステル（シンナー臭）を発生させる。冷蔵庫に保存したものでも、この酵母が生育しているので、食べるとき、ハサミでこの部分を切り落とすと良い。ポリ袋の中には空気が少ないため、この酵母は生育しない。

(3) 製法
干しダイコン→干しダイコンの殺菌→切断→みそら漬

① 干しダイコン
晴天で葉を付けたまま約一週間干す。干し歩留は約70％で干し過ぎない方が良い。青首より白系大根がおいしい

② 干しダイコンの殺菌と切断
縦割りしないで、鍋の大きさに合わせ、1本を二つ、ないし、三つに丸のまま、横に切断する。切断した干しダイコンを、沸騰水へ入れ、再び沸騰させてから約1〜2分殺菌する。

注）熱は内部へ伝導しないため、ダイコンの軟化はない

殺菌後の干しダイコンは、味が浸透し易いように、さらに縦に2〜4等分に切断する。

③ みそら床
味噌3、酒粕1、砂糖1を混ぜて1ヵ月 熟成させたものをみそら床（塩分は7.2％）とする。

④ みそら漬
殺菌済み干しダイコンに対して、その重量の1/3のみそら床を混ぜ、ポリ袋へ入れて空気を追い出して密閉する。
（食塩濃度 約2.4％）

●ユズ風味漬

糖しぼりの原理で大根の甘味を引き出し、ユズの苦味を緩和する

注）　砂糖の浸透圧は、塩に匹敵する。砂糖で漬けるとダイコンの水分が出てきて、ダイコンの甘味が濃縮される。このことを**糖しぼりの原理**と言う。

⑴　特徴

　ダイコンとユズの風味がマッチしている。

⑵　賞味期限

　液が上がった後、4〜5日経てから食べられる。二週間位で食べ切れない場合は、ポリ袋へダイコンと液を入れ、空気を抜き密封して冷蔵庫に保存する。液が上がり、4〜5日経たものを同様に密閉して、冷蔵庫へ入れれば3ヵ月間保存可能である。ユズが多いと苦味が出ることがある。この場合は砂糖を加える。

⑶　製法

　ダイコン→切断（食べやすい大きさで良いが、約5mm×約5cmが一般的）→生でも良いが、ザルの上で4〜7日干しても良い→糖漬（塩3％、砂糖15％）→翌日、ポリ袋へダイコン2kgに小ユズ1個（皮部を刻む）、すし酢とレモン酢をそれぞれ4.8％（酢酸として0.49％、％はダイコンに対して）を入れて密閉→冷蔵庫保存

注）　糖漬の方法は、砂糖を塩と見なした塩漬と同じで、砂糖と塩と混ぜたもので漬ける。重石は、2〜6kg載せれば、数時間で液が上がる。上がれば重石は軽くし、液が浸る程度のもの（皿1〜3枚）にする。

〈ユズ風味漬の調味液〉

ユズ	1個（皮を刻む）
すし酢（昆布入り）	96 ml
レモン酢	96 ml

糖漬したダイコン2kgに対して
（食塩濃度　約2.3％）

●紅しぐれダイコンの酢漬

里の赤カブよりおいしい紅しぐれダイコン

紅しぐれダイコンの酢漬

紅しぐれダイコン

(1) 特徴

　11月中旬～1月に紅しぐれダイコンが収穫される。紅色が美しく、かつ美味である。関東のものより寒暖の差がある東北や、里より山の方のものが、独特の風味があっておいしい。

　一方、赤カブは、皮に色素を含むため、剥皮をしない外は、この紅しぐれダイコンと同様の漬け方で良い。焼畑農法の赤カブは、独特の風味がありおいしいが、野菜売り場の赤カブは、ほとんどが畑栽培のため、本来の風味がない。畑栽培の赤カブより、この紅しぐれダイコンの加工を奨める。

(2) 賞味期限

　製造後2～3日経てから食べられる。食べ切れない場合は、ポリ袋へダイコンと液を入れ、空気を抜き密封して冷蔵庫に保存する。少し苦味がある場合、砂糖を多くするか、二～三週間熟成させれば苦味はなくなる。製造直後に密封し、ポリ袋を開封しなければ冷蔵庫（5℃以下）で3ヵ月保存可能である。

(3) 製法

　紅しぐれダイコン→薄く剥皮→頭部・尾部除去→縦に八つ割り（大きい場合は、さらに半割）→切断2～3mm→酢を少し入れた水に浸漬→取り出し、タルにポリ袋を敷いた中へ、切断ダイコンを入れ、塩3％、砂糖15％を混ぜたものの1/2でまぶす（糖漬）。真中を高くして、残り1/2はダイコンの上に載せる→重石を載せる（8Lのタルでダイコン4kgに重石6kgを載せ、1～2時間で液上がり後、重石として2～3枚の皿を載せる）→上部液に、食酢4.2％（酢酸として0.1％）を上部液に入れる（ダイコンの1/42の食酢）→液上がり半日後、敷いたポリ袋で包む→さらに、半日後、液を捨て、ポリ袋に調味液と共に入れる→空気を追い出し密閉→冷蔵庫

〈酢漬の調味液〉

本みりん	10ml
食酢	9ml
レモン酢	4ml
	23ml
処理した紅しぐれダイコン	100g

（食塩濃度2.5％）

●レディスダイコンの白しょうゆ漬

立春過ぎのやや小振りの、美しいレディスダイコンの紅色を生かした加温塩水漬による白しょうゆ漬
加温塩水漬は、50〜60℃の塩水に野菜を10〜30分漬け、歯切れを付与して漬物を製造するもの。詳しくは単行本『わが家の漬物革命』（大島貞雄著、農文教）を参照

レディスダイコン白しょうゆ漬

レディスダイコン

(1) **特徴**
　レディスダイコンは、三浦市農協で開発したミニダイコンである。名のとおり紅色で美しく、おいしい。

(2) **賞味期限**
　冷蔵庫で液漬後3日目がおいしい。一週間経るとやや味が劣化する。この場合、一味を0.05％添加すると良くなる。

(3) **製法**
　レディスダイコンの加温塩水漬による白しょうゆ漬
　レディスダイコン→葉切り→3％食塩水、60℃、30分→15分間 水で脱塩・冷却→ポリ袋に調味液と共に入れる→空気を追い出し密閉→冷蔵庫

〈調味液〉80℃達温冷却

白しょうゆ	20ml
本みりん	10ml
砂糖	10g
食酢	1.2ml
レモン酢	1.2ml
唐辛子（一味）	0.03g
	42.43（47g）
処理レディスダイコン	100g

▲食塩濃度……………… 約2.5％

●キュウリ浅漬

緑色美しく、歯切れ良く、おいしいキュウリ漬

加温塩水漬は、前17Pのレディスダイコンに記載した。

〈キュウリのしょうゆ漬の調味液〉
85℃達温（沸騰寸前）冷却
加温処理したキュウリ100gに対して

しょうゆ	18ml
本みりん	10ml
赤味噌	7g
砂糖	10g
唐辛子（一味）	0.03g
	45.03
▲処理キュウリ	100g
▲食塩濃度	約2.9%

(1) 特徴

加温塩水漬にすると、通常の塩漬では得られない歯切れと旨味がある。

キュウリは、ナスと並び、夏の野菜の王者である。60年前の子供の頃の記憶は鮮やかだ。かんかん照りの太陽の下、青々としたキュウリが葉の下に隠れている。もぎ取って、手で汚れをこすりとり、口にほおばった。あのみずみずしい味は忘れられない。

キュウリは通常、高い濃度で塩漬して、これを脱塩・圧搾するから、塩といっしょに野菜の成分が流れてしまう。加温塩水漬なら、まるまる漬物とするため、原菜の風味が楽しめる。

(2) 賞味期限

調味液に漬けた後、3～4日が食べ頃。液が濃いため、8日経過するとかなり萎み、シャキシャキがなくなる。しかし、製造直後ポリ袋に密閉すれば冷蔵庫（5℃以下）で1ヵ月保存できる。

(3) 製法

① キュウリは水洗いしてから、両端を切り落とす。
② 3%塩水をつくる。キュウリを鍋に入れて十分に浸るくらいの量がめやす。
③ 塩水を鍋に入れて加温する。
④ 57℃前後に温めたら一度火を止め、キュウリを塩水に入れる。このとき温度は55℃以下になる。50℃近くに下がったら再び弱火で加温して、塩水温度を50～54℃に維持し、キュウリを10分間塩水に浸け続ける。
⑤ 塩水からキュウリを引き上げ、10分間、水で冷却・脱塩する。
⑥ 加温処理したキュウリを計量後、調味液を配合表に従って調合し、沸騰寸前の85℃まで加熱し、火を止める。
⑦ キュウリをポリ袋に入れ、冷ました調味液を入れる。
⑧ ポリ袋の口をぐるぐると巻きながら空気を追い出し、密閉して冷蔵庫に入れる。

●ショウガ浅漬、古漬

ショウガの風味が活きたショウガ漬

いもショウガの味噌漬、新ショウガの酢漬

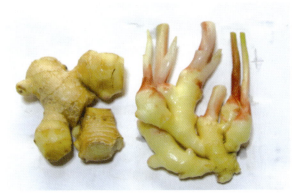

いもショウガ、新ショウガ

品種

　漬物に適したショウガの品種は不明である。一般に云う根ショウガ（いもショウガ、9〜11月収穫）は、大きいものが、辛味が強くなく漬物に適している。中国栽培の品種が大きくて味は良い。しかし、栽培は難しく、干ばつ、高温などのストレスがあると辛くなってしまう。新ショウガは、土の上に出てくる前に数回、土を掛けて、いも状でなく長くしたもので、軟らかく、辛味が少ない。根ショウガは味噌漬、新ショウガは酢漬に向いている。

◇浅漬ショウガ

(1) 特徴

　「つまみ」でも「ご飯の友」としても行ける。わが家では一年中食べ、ショウガの健康への寄与（機能性成分）の恩恵を受けている。

(2) 賞味期限

　製造2〜3日経てから食べられる。冷蔵庫で保存すれば、ポリ袋に密閉状態で、1年保存可能である。

(3) 製法

　生→洗浄→スライス→少量の酢を入れた水に浸ける（澱粉除去、数時間）→酢水を捨てる→ポリ袋の中で調味液に漬ける→密閉して冷蔵庫に入れる。

◎酢漬

〈酢漬の調味液〉

赤梅酢	20ml	白梅酢でも良い
昆布入りすし酢	24ml	
本みりん	10ml	
	54ml	
スライスショウガ	100g	

（食塩濃度　約2.5％）

◎味噌漬

〈味噌漬の調味液〉

赤味噌	36g	
本みりん	10ml	
食酢	8ml	
赤梅酢	8ml	白梅酢でも良い
	62	
スライスショウガ	100g	

（食塩濃度　約2.7％）

◇ **古漬ショウガ**
　ショウガの食塩濃度を約20％として年間貯蔵し、使用時、脱塩して加工する。

◎年間貯蔵用のショウガの塩蔵方法

　　ショウガ　　　　　　　　　　10kg
　　　　　　　　（洗浄済み、皮は剝かない）
　　20％塩水　　　　　　　　　4.5kg
　　　　　　　　（塩900g、水3.6L）
　　梅酢（塩20％、酸度4％）　　2.5kg
　　塩　　　　　　　　　　　　　2.5kg

① 上の順序にタルへ入れ、塩は、液の上に出ている最上部のショウガに振る。ショウガの2倍のタルを使用する。
② 重石は強くして（約20kg）、数時間、少なくとも翌日液が上がるようにする。液が充分に上がり、塩が溶けたならば軽い重石（約2kg）として「浮かし漬」にする。重石の割合は漬ける量や容器形状等で異なる。
③ 予定の塩分は20％、予定の酸度は0.5％

◎塩蔵ショウガの脱塩方法
　塩蔵ショウガを流水で脱塩する（朝から翌日の夕方まで）→冷蔵庫で同量の食酢液4.2％（酢酸として0.1％）を入れ、さらに一晩脱塩する→洗浄→加工

◎塩蔵ショウガの加工方法
　前述の◇**浅漬ショウガ**に準じる。但し、ポリ袋で密閉状態で冷蔵庫（5℃以下）保存であれば良いが、10℃あると、糖があるため、酵母によるフクレが起こる可能性が高い。この場合、香味はやや劣ってしまうが、加熱殺菌する必要がある。加熱殺菌は60℃、15分、または、60℃、10分（内部温度55℃）。

注） ショウガを加熱すると辛味成分のジンゲロールがジンゲロンとショウガオールとなり、辛味が増し、異味臭が出てきて、味が劣ってしまう。したがって、ショウガは通常は加熱殺菌しない。

●シロウリ浅漬、古漬

◇シロウリ浅漬

市販品も人気を呼んでいるシロウリ浅漬「青ウリ奈良漬」

原理

常温（夏）の塩・糖漬シロウリ加工は、酸敗や腐敗を起こしてしまう。しかし、塩・糖漬でシロウリの水分を少なくし（シロウリからの歩留40.1％）て、酸敗や腐敗を起こさない酒粕で漬けることで、常温での加工を可能とする。

〈歩留〉

シロウリ→種抜きシロウリ70％→塩漬シロウリ（60.3％）→糖漬シロウリ（40.1％）→

シロウリ浅漬（粕漬）

シロウリ

(1) 特徴

通常は5℃以下の冷蔵庫で加工するが、シロウリの出始める7月頃、常温で加工する方法である。シロウリの青と酒粕の白が鮮明な、浅漬風の青ウリ奈良漬を1ヵ月間食べられる。

(2) 賞味期限

酒粕に漬けて一週間後から食べられる。製造直後密封し、ポリ袋を開封しなければ冷蔵庫（5℃以下）で1ヵ月保存可能である。

(3) 製法

シロウリ→洗浄→縦割り・種抜き→塩漬（1日間、常温）→糖漬（1日間、常温）→糖漬シロウリの腹に酒粕を入れてポリ袋で密封→冷蔵庫（5℃以下）保存

① 塩漬（タルはシロウリの2倍の大きさ）

シロウリ10本（10kg）の平らな面（畑で土側の面）を下にして縦割りする。十円玉で種抜きする（7kg）。ウリに対して、10％塩水をシロウリ重量の1/3、塩はシロウリ重量の6％使用する。20L容器に塩水を入れ、それに漬かる分のシロウリを、隙間がないように切口を縦方向にして入れる。また、両端シロウリの皮側がタル壁面に向くように入れる。つまり、端のシロウリの皮側がタル壁面、次からのシロウリは腹と腹を合わせ、次々と入れる。そうすると、タルに付く最後のシロウリは、皮側がタル壁面側となる。次に残ったウリの腹に塩を腹にすりこみ、上記と同様にして縦に漬け込む。重石板、20kgの重石を載せる。液は約7時間後に上がる。

② 糖漬

液を捨てた塩漬シロウリ6kgに対して砂糖濃度として20％をシロウリの腹に入れて切口を同方向にして縦に漬込む。容器は20Lから8Lにする（容器にシロウリが隙間がなく漬けられる）。重石13.5kgを載せ、2時間後27kg載せる。

③ 酒粕漬、密封

わさび漬用の酒粕（ポリ袋に密閉した新粕を、夏場の25〜35℃は、3日間。20〜25℃の場合は一週間、色の白いまま酒粕を軟らかくする。）を糖漬シロウリの30％を、シロウリの腹に入れてポリ袋に密閉する。冷蔵庫で保存する。通常の酒粕であれば、みりんやグルタミン酸ナトリウム等の調味資材の添加効果はない。
（食塩濃度　約2.3％）

注）わさび漬用の酒粕は、酒粕が自己消化して澱粉がブドウ糖へ、蛋白質がアミノ酸となり、甘く、旨くなる。温度が高いままにして置くと褐変するため、酒粕が軟らかくなったら、ポリ袋で密閉して冷蔵庫へ入れる。

◇シロウリ古漬（奈良漬）
　造り酒屋さんの、シンプルなおいしさの1回漬

ポリ袋で密閉した糖漬シロウリの粕漬

奈良漬（シロウリ粕漬）

原理
　常温（夏）の塩・糖漬シロウリでは、酸敗や腐敗を起こしてしまう。しかし、塩・糖漬でシロウリの水分を少なく（シロウリからの歩留40.1％）し、酸敗や腐敗を起こさない古粕でシロウリを覆うことで、常温での保存を可能とする。

⑴　特徴
　通常、奈良漬を製造するには酒粕に2〜4回漬替する。1回の粕漬であるため、比較的容易に奈良漬を製造できる。甘さを抑えたシンプルな奈良漬を楽しむことができる。

⑵　賞味期限
　古酒に漬けて、1ヵ月後から食べられるが、涼しくなった11月からがおいしい。密封後、ポリ袋を開封しなければ冷蔵庫で2年保存可能である。

⑶　製法
　上記の浅漬の糖漬シロウリの腹にシロウリの80％量の古粕（粕に対して残りの20％砂糖入れ2週間熟成）を入れ、それをポリ袋に入れて20％の古粕で糖漬シロウリの周りを囲むように包み、次にポリ袋を密閉する。
（食塩濃度　約2.3％）

●キャベツ浅漬

色取り美しく、歯切れ良く、ショウガの風味が生きたキャベツ浅漬

キャベツ浅漬

キャベツ浅漬（ポリ袋詰）

春キャベツ（内葉が黄色）

(1) 特徴

　キャベツとニンジンの赤、ショウガの黄色が美しい。キャベツとショウガの風味が合い、おいしい。
　なお、冬キャベツよりも、春キャベツの方がおいしい。

(2) 賞味期限

　調味液に漬けた後、翌日から食べられる。製造直後ポリ袋に密閉すれば冷蔵庫（5℃以下）で1ヵ月保存できる。

(3) 製法

千切りキャベツ	90g
千切りショウガ	5
千切りニンジン	5
塩	2

① 菌が多い外葉3〜4枚は取り去る。残った外側のみを水洗いする。葉を2〜3cm幅に切断し、硬い白茎は除去する。

注）内葉は菌が少ないため、洗浄はしない。

② ショウガ、ニンジンは千切りしたものを、別々のポリ袋に入れ、ニンジンのみ塩を少し入れて揉んで置く。ニンジンは使用時、ポリ袋を圧しニンジンを搾り、液を捨てる。

③ ポリ袋に①、②、調味液を入れた後、時々揉む。

④ 約2時間後、圧した時、液がキャベツの上にきたらポリ袋の口をぐるぐると巻きながら空気を追い出し、密閉（ポリ袋詰：写真）して冷蔵庫に入れる。

〈キャベツ浅漬けの調味液〉

85℃達温（沸騰寸前）冷却

白しょうゆ	3ml
本みりん	10ml
一味	0.06g
食酢	3ml
	16.06

▲千切り原料　約100g
▲食塩濃度　約3.0％

●カラシナ浅漬

歯切れ良く、カラシナの辛味が生きたカラシナ浅漬

カラシナ浅漬

黄カラシナ

(1) 特徴

　カラシナは、ハクサイやチンゲンサイと同じアブラナ科の野菜である。

　カラシナは、西洋からし菜が野生化したものが川堤に見られる。3月、川堤に植えられた彼岸桜、そして、カラシナがもっこりと生えてます。私は、彼岸桜の美しさとカラシナの辛味を楽しんでいます。

　辛味は苦みがともなう。苦味を緩和する砂糖の甘味は、漬けている間にも、変化するため、その漬け方は難しい。ここでは、辛味を制御する加工方法を示す。

(2) 賞味期限

　調味液に漬けた後、翌日から食べられる。製造直後ポリ袋に密閉すれば冷蔵庫（5℃以下）で2週間保存できる。

(3) 製法

　黄カラシナ→洗浄→黄カラシナの2倍量の湯（80℃から沸騰水まで）を入れて約60℃前後として（注　品温は50～70℃であること）、5分放置→軽く圧して液を捨てる→その5～8（8：カラシナ漬は甘い）％の砂糖、1％の塩を入れて軽く揉む→10分放置→ポリ袋へカラシナと調味液を入れ、ポリ袋の口をぐるぐると巻きながら空気を追い出し、冷却する→冷蔵庫に入れる。

〈カラシナキャベツ浅漬の調味液〉

85℃達温（沸騰寸前）冷却

しょうゆ	3ml
本みりん	10ml
	13ml

原料、約100gに対して

▲食塩濃度　　約1.6％

◆辛味、苦味について

(1) 辛味

　辛味のもと（シニグリン、グルコシノレート）にカラシナに含まれる酵素ミロシナーゼが作用して辛味（イソチオシアネート、アリルイソチオシアナート）ができる。加工方法でミロシナーゼの働きが異なるため、辛い、辛くないが生まれる。そこで、ミロシナーゼの性質を示す。

　至適温度は45～55℃（つくり方では品温を50～70℃としたのは、ミロシナーゼを死滅させないでカラシナに付いている菌を殺菌するため）であることから、カラシナをお湯で揉み辛味を出す。また、シアノエピチオアルカン（腎臓を肥大させる、味を落とす）が辛味とともに生成するが、この成分は熱で分解するため、湯揉みを健康や味の面からも推奨する（宇田ら、宇都宮大学、生物生産科学科、応用生物化学コース、応用生物学コース）。

　70℃では辛味はあるが、80℃となるとミロシナーゼが死滅する（橋本ら、広島工技研報　No.27 2013）ため、辛味がなくなる。したがって、辛味がなくなるのは、お湯の温度が高すぎたためである。また、至適pHは6.6～7.8であるため、食酢を入れすぎると、ミロシナーゼが働かないため、辛味が劣ってくる。

　常温でカラシナを漬けても、ミロシナーゼの作用が緩慢であるが、除々に辛味（アリルイソチオシアナート）ができるため、辛くなる。しかし、辛味が出る漬期間が明確でないことや、前述のシアノエピチオアルカンが生成するため、味もやや劣り、勧められない。

(2) 苦味

　辛味が強いと苦味も強い。この場合、砂糖で、苦味を緩和する。

(3) カラシナの品種

黄からし菜

　辛味が強い。種子をカラシ粉用に用いる。間引き菜として周年栽培されている。

大山菜

　神奈川県の大山の山嶺で江戸時代から漬物用として栽培されている。地元では「おおっ葉」、「小易菜」と称している。

二塚からし菜

　二塚は地名。「金沢の伝統野菜」に認定されている。無肥料の方が辛味が強い。赤と紫が混じっている。草丈は20～30cm

その他

　マスタードグリーン、レッドリーフマスタード、サラダ辛子菜、わさび菜/愛彩菜も、スーパーなどでカラシナとしているが、これら品種よりも、上記の品種や川堤の野生化したものが良い。

●ナガイモ浅漬

消化を助け、滋養強壮に良い、おいしいナガイモ浅漬

ナガイモ浅漬3種

ナガイモ

(1) 特徴

ナガイモのねばり成分ムチンは、新陳代謝を促進し、他の栄養素を効率よく消化吸収してくれるため、疲労回復力を高めてくれる。また、アミラーゼ、ジアスターゼ、ウレアーゼ、オキシターゼ等の消化酵素を含んでいるので、食べ過ぎ、飲み過ぎに効果がある。

加温するとドーパミンの酸化が進み、黒ずむ。また、加熱によって味が劣るため、生食が良い。

以上、ナガイモの浅漬は、ナガイモの栄養素や旨さを活かしている。

(2) 賞味期限

調味液に漬けた後、3日後から食べられる。製造直後ポリ袋に密閉すれば冷蔵庫(5℃以下)で2週間保存できる。

(3) 製法

ナガイモ→洗浄→皮剥→切断→ポリ袋に切断ナガイモと調味液を入れ、ポリ袋の口をぐるぐると巻きながら空気を追い出し、冷蔵庫(5℃以下)に入れる。

注) 酢液(食酢の約1/40液)で手を濡らし、ナガイモを切断後、酢液に浸けると、ねばりが弱まり作業がし易くなり、かゆみも、防げる(かゆみ原因のシュウ酸カルシウムを中和するため)。また、変色を防げる。

〈ナガイモ浅漬の調味液〉

① 味噌漬調味液　85℃達温冷却

しょうゆ	6ml
赤みそ	20g
本みりん	10ml
レモン酢	4ml
一味	0.1g
	40.1
ナガイモ	100g
▲食塩濃度	約2.7%

② 梅酢漬調味液　シソ色素が退色するため、加熱しない

白しょうゆ	12ml
本みりん	10ml
刻みシソ葉	3g
レモン酢	8ml
赤梅酢	5ml
	38
ナガイモ	100g
▲食塩濃度	約2.8%

③ 酢漬調味液　80℃達温冷却

白しょうゆ	13ml
本みりん	10ml
レモン酢	7ml
食酢	10ml
·味	0.1g
	40.1
ナガイモ	100g

▲食塩濃度　約1.8％

●セロリ浅漬

セロリ浅漬

セロリ、ショウガ、にんにく

(1) 特徴

　おいしいセロリ漬の味を楽しめる。

(2) 賞味期限

　調味漬後、3日経てから食べられる。冷蔵庫（10℃）で10日間、冷蔵庫（5℃以下）で1ヵ月。

(3) 製法

　洗浄→葉と茎を約5cm×3mm切断→ポリ袋へセロリと調味液を混ぜ3日間冷蔵庫で熟成→冷蔵庫

〈調味液〉「だし」を加熱溶解してから他の資材を混ぜ、80℃加熱冷却後使用

白しょうゆ	15ml	
本かつおだし	0.3g	（理研ビタミン（株））
こんぶだし	0.3g	（理研ビタミン（株））
本みりん	10ml	
レモン酢	4.4ml	
すし酢	5ml	
	35	
セロリ	90g	
摺りショウガ	5g	
切断ニンニク	5g	

注）ニンニクをかくし味とする場合、ニンニクは食べる1日前に取り除く。布に入れて置くと取り除きが容易

（食塩濃度　約1.7％）

注）理研ビタミン（株）の「だし」は食品添加物を使用していない。やや高価であるため、食品添加物が入っているが、味の素の「ほんだし」でも良い。）

●青ネギ辛

青ネギ辛

青ネギ

⑴ 特徴

　ネギは通常は白部を利用して、青部を廃棄している。この青ネギから青ネギ辛を製造する。青ネギの臭みがなく酒のつまみやごはんの友として最高である。

⑵ 賞味期限

　製造の翌日から食べられる。開封しなければ3ヵ月保存できる。

⑶ 製法

　洗浄→青部1～2cm切断→袋に入れる→3%食塩水50～60℃、25分→お湯80～90℃、10分→ポリ袋に青ネギと沸騰寸前の調味液を入れてポリ袋を密閉する→冷却後冷蔵庫

〈調味液〉80℃加熱

砂糖	3g
豆板醤	10g
しろしょうゆ	10ml
しょうゆ	6ml
本みりん	10ml
レモン酢	5ml
食酢	6ml
	50
処理済み刻み青ネギ	100g
（食塩濃度　約2.8%）	

第2章　添加物に頼らない「基本の漬け方」で一変するおいしさ

●ハクサイ漬

重石をハクサイの5倍載せ、昆布がなくてもおいしいハクサイ漬

漬上がったハクサイ漬

添加するユズ、唐辛子、塩

ハクサイ(黄ごころ)、緑、白、黄色が鮮明

(1) 特徴

　ハクサイと塩、唐辛子のみで重石を強くし、ハクサイのうま味を引き出した漬け方。グルタミン酸ナトリウムや昆布を加えなくても、おいしい。

(2) 賞味期限

　充分に液が上がり、軽い重石にしてから、一～四週間が食べ頃である。一週間では、やや浅漬かりであるが、おいしい。四週目に近づくにつれ、乳酸発酵が進みハクサイと醗酵の旨味が加わり良い味となる。しかし、漬液表面にカビ(正しくは産膜性酵母)が一面にでてくると、酸味が強く、また、風味が徐々に劣化してくる。酸味が強いものは、洗浄してハクサイキムチの原料とするとおいしいキムチができる。

(3) 製法

　トリミング(汚れた傷ついた葉を除く)→汚れのひどいものは洗浄する→切断→1日天日干し→漬込

① 品種

　平成10年頃から、栽培し易く、葉の青、内部の白、中心の黄色の3色が鮮明で、味が良い「黄こころ」が定着した。

② 切断

　根を切落とし、根に近い方に縦に切目を入れて、手で裂く。1/2切断は、500kgと多く漬ける場合である。家庭では1/4か1/8にする。

③　干し

　おいしい白菜漬を造るためには、1日で液を上げる必要がある。一般家庭では難しいため、干しを奨めることはためらわれる。干したハクサイを1日で液を上げるには、ハクサイを15kg以上と多くし、ハクサイの2倍量のタルを使用し、ハクサイの5倍以上の重石を載せることが必要である。干さない場合でも、重石は5倍必要である。

④　漬込み

㈡　塩分

　塩分はハクサイに対して2～3％とする。3％を越えると塩からくなる。企業の場合は、塩漬後、洗浄して脱塩される、また、液漬等で薄まるため、通常は5％の塩を使用する。

㈥　唐辛子

　唐辛子は、通常、輪切りを使用する。一味でも良い。量は、ハクサイに対して0.05～0.08％である。

㈦　塩の種類

　塩は、食塩でも良いが、グルタミン酸ナトリウムや昆布を加えないため、塩の味が分かる自然塩が、ハクサイとの相性が良い。

㈧　漬方

　塩、唐辛子、ユズ等（0.7％）は混ぜて置く（A）。必ずAをタルの一番下へパラパラと撒く、切り口を上、根部の方向を同じにし、ハクサイを一列に並べる。変色し易い根や根に近い部分にAを擦り込み、上に向いた葉へAをパラパラと撒く。段毎に根の方向を逆にする。Aは上の方ほど多くする。隙間を少なくし、真中が高くなるようにハクサイを並べるのがコツである。

　なお、重石はできるだけ重くして、漬けた翌日で液が上がるようにする。一般家庭で失敗するのは、幾日も液が上がらないことに起因することが多い。ダイコンとハクサイは重石が強いほどおいしくなる。そのため、重石をハクサイの5倍載せ、速く、液を上げることが大切である。液が上がれば、重石を軽くすることも、もう一つのコツである。これにより、味が濃縮された、歯切れがあって軟らかいフックラとした肉質の白菜漬となる。

㈨　漬替

　塩のバラツキを防ぐことから漬替を行う。一般家庭では、ハクサイ量が15kg以下が多く、上下のバラツキが少ないため、漬替はしないのが一般的である。（食塩濃度　約1.9～2.9％）

●梅干し
熟成したアンズ色生梅で、おいしい梅干し

梅干し

天日干し

生梅

水漬してアンズ色に近づけた梅

(1) 特徴

　最近の減塩梅でなく、昔からの製法である。しかし、衛生や技術が良くなるにつれて、塩の使用量が、梅に対して昭和時代は、25％から20％へ、平成の現代は16％となった。

(2) 賞味期限

　天日干し後の塩度が20％であれば、数年は常温での保存が可能である。

(3) 製法

　生梅→選別→洗浄→アンズ色の梅の塩漬→シソによる着色→土用干し→貯蔵

① 梅の品種

白加賀、梅郷、養老、南高等と多くあり、品種特性はかなり異なる。梅干しとしては南高梅が、酸が少なく、皮が薄く肉質が軟らかくて風味が良い。この南高梅は木になっているときに青から黄色となり完熟してフルーティな香りがする。白加賀梅は、南高梅と異なり、木になっているときは青く、完熟すると落下する。

② 梅の熟度

　青色から色が変わり始めた梅が漬けるのに適している。青色の梅は、未熟でおいしくない。白加賀梅等は、水に浸け、色が、アンズ色に変わったものを漬ける。

③ 梅の選別

　枝、葉は除く。斑点の多いもの、傷からヤニが出

ているもの、また、小さすぎるものは省く。
④ 洗浄

　洗浄は、梅の汚れを取るだけでなく、梅の温度を下げる意味もある。また、梅が濡れていないと塩がなじまない。

⑤ 塩漬
(イ) 塩％

　乾燥後の塩度を20％(W/W)にする場合、20Lのタルを使用し、梅10kgへ塩1.6kg（梅に対して16％）使用する（表1）。

表1　梅漬及び梅干しの塩分濃度（W/W％）

塩％		梅漬			75％乾燥後の梅干し
（梅に対して）	（全体に対してW/W％）	1ヵ月後	2ヵ月後	3ヵ月後	
20	16.7	14.5	17.9	18.2	24.3
16	13.8	13.1	14.9	15.1	20.2

注）1　W/W％は全体に対しての％
　　2　75％乾燥は、天気の良い日で三日（土用干し）三晩（夜間室内）干す。曇天の場合は、干し具合を見て、4日以上干す。

　梅干しの塩度は、乾燥具合にもよって異なるため、注意が必要である。なお、漬込む時の塩の使用量が16％あれば、カビ（正しくは産膜性酵母）は、発生しないが、それ以下の場合は発生するため、上がった液へ食酢200mlを入れる。

(ロ) 漬け方

1) 20Lの容器最下部へは、必ず塩を少し振る。
2) 塩1.6kgを1/3ずつに分け、1/3を濡れた梅10kgと混ぜて塗す。1/3を梅の上半分に入れる。中央を高くした梅の最上部へ、残り1/3を入れる。100〜500kgと漬ける量が多ければ、最上部に塩を多くすることは変わらないが、塩は下の梅の方にも均等に入れる。
3) 重石板、重石20kg（南高梅は5kg）を載せる。翌日、漬液が上がっていること。上がらなければ重石を強くする。2日後、重石を3.5kg（南高梅は1〜2kg）とし、液が常に上がっているようにする。

(ハ) シソによる着色

　シソ800g〜1kgを洗浄して、水切りする。160g〜200gの塩をまぶして、30分位放置してから、もんで、搾り、液汁（アク）を捨てたものを梅漬の上部漬液へ入れる。シソ色素の梅への浸透は遅い（約1ヵ月）。なお、シソは葉の裏側も赤紫色のものを使用する。

(ニ) 土用干し

　上記表1で分かるように、塩漬後、2ヵ月経ないと梅漬の塩度は一定とならないため、2ヵ月以上経たものをザルの上にならべ三日（土用干し）三晩（夜間室内）行う。三日三晩にこだわらず、発色、乾燥度合いによって、二〜五日と適宜行う。

　梅漬は日光によって赤く発色する。したがって、土用干しは、日に1〜2回、梅干しの上下を変えること。直射日光でなく、ハウス等でポリシートを通過した光の方が良い。ポリシートを梅に直接掛けると梅が水滴をもつため、ポリシートを使用しないで日陰で干した方が良い。

(ホ) その他

1) 落下した白加賀等は、梅の熟度が進んでいるため、木になっている梅を漬けたものよりおいしい。
2) 黄色くなり、熟度が進み過ぎると、潰れ梅干しとなりやすい。この梅干しは、形は悪いがおいしい。
3) 潰れ梅干しに多いが、白カビ状の物質がでることがある。これは、クエン酸の結晶（クエン酸カルシウム、水不溶性）である。梅の酸は、主にリンゴ酸とクエン酸であるが、熟度が進むとクエン酸の含量が多くなり、析出してくる。見た目は悪いが、この梅は味がある。

●シソ甘露梅

歯切れ良く、甘味で酸味を抑えた、おいしいシソ甘露梅

シソ甘露梅

刻みシソ葉、糖液後の梅

(1) 特徴

歯切れを保つ石灰の代わりに、タマゴの殻を使用した。また、冷蔵庫で冷却し、梅の呼吸を抑え、軟化を抑えた。

見栄えと種離れはやや劣るが、カリカリした歯切れと自然な甘味、酸味、シソの香りがある。

(2) 賞味期限

糖液漬後7日で食べられる。ポリ袋を開封しなければ冷蔵庫（5℃以下）で1ヵ月保存可能である。

(3) 製法

塩水漬一週間→糖液漬

塩水漬

(1) 塩水漬の前日に青梅と塩水を冷蔵庫で冷却

(2) 塩水漬7日間、冷蔵庫

ポリ袋へ青梅1kg（包丁で蔕のあった部分と頂点の間を包丁で種まで切れ目を入れる）、5％塩水700g（塩39g（塩90％の塩）＋ 水661ml）及び タマゴ殻2ヶを入れる→2％NaCl

(3) 糖液漬、冷蔵庫

前日に水800ml、本みりん200ml、砂糖560gを煮沸し、溶かして冷却後、冷蔵庫に入れて置く（糖液）。

塩水漬の梅を洗浄して、ポリ袋に入れ、糖液及び、刻みシソ葉を全体の2％を入れて冷蔵庫（5℃以下）に入れる。

●ハクサイキムチ

加温塩水漬刻みハクサイ、無添加キムチタレで天下一品のうまさ

加温塩水漬は、50〜60℃の塩水に野菜を10〜30分漬け、歯切れを付与して漬物を製造するもの。詳しくは単行本「わが家の漬物革命」（大島貞雄著、農文教）を参照

(1) 特徴

加温塩水漬にすると、雑菌が少ないため、乳酸菌が生きたおいしいハクサイキムチができる。

漬物の消費量が年々減少するなか、ハクサイキムチは漬物全体の減少分を補うほどに善戦している。なかでも東海漬物（株）の「こくうま」は単品で60億円を売り上げた。東海漬物は全国有数のハクサイ産地6ヵ所に工場をもっている。1工場当たりにすれば平均10億円の売上だ。ふつうの漬物工場の売上が3億円くらいであるから、驚異的な売上といえる。「こくうま」の味の秘密はイカゴロ（イカの内臓を発酵させたもの）のこくにあり、これがうまい。さらに、通常は雑菌で臭くなってしまうのだが、食酢をやや多めに使うことで雑菌を抑えた。食酢の利用は、保存性がよくなるというメリットもある。

ここで紹介するハクサイキムチは、刻みハクサイを加温塩水漬にする方法である。これで菌数も少なくでき、塩分も一定するし、タレも熱殺菌して菌数を減じ、さらに添加する乳酸菌の力で腐敗菌の成長を抑えている。すっきりした風味のうまいキムチになる理由はここにある。

(2) 賞味期限

調味液に漬けて3日後から食べられる。冷蔵庫なら10℃で24日間は保存できる。

(3) 製法

ダイコンとニンジンでキムチの具をつくり、種々の調味料を添加してキムチダレをつくる。加温塩水漬で、刻みハクサイをつくり、タレと混ぜる。

◆具をつくる

① ダイコンとニンジンを千切りにする。ダイコンは150g、ニンジンは84gを用意する。
② 10％の塩水をつくる。塩水の量は、千切りダイコンが十分に浸るくらいの量がめやす。
③ 塩水を加温する。
④ 塩水が62℃になったら一度火を止め、千切りダイコンを入れる。このとき温度は60℃に下がる。60〜50℃で10分間千切りダイコンを浸し続ける。途中で温度が50℃に近づいたら再び弱火で加温して温度を維持する。
⑤ 10分加温したら、火を止める。加温塩水に浸けたままで置く。
⑥ 千切りニンジン84gをポリ袋に入れ、ニンジンの重さの10％の塩8.4gを入れて混ぜ、塩もみに

しておく。
⑦ 塩水に浸けておいたダイコンを搾って約120gにし、ポリ袋で塩もみしたニンジンは搾って約80gにする。
⑧ これで加温塩水漬にした千切りダイコン120gと塩もみしたニンジン80gとで、合計200gの具ができる。

◆タレをつくる
① 配合表にしたがってキムチダレを調合する。先につくっておいた具もここで合わせる。
② 調合したキムチダレを火にかけ、沸騰しはじめる 85℃になるまで加熱してから、片栗粉を入れてかき混ぜ、火を止める。
③ 冷却後、乳酸菌を添加する。

キムチタレの配合表（仕上り1kg）

原材料	配合比g	（1kg当たり）	備考
砂糖	10	100	
食酢（4.2％の市販品）	19	190	約1/3をすりリンゴに振りかける。残りの酢へ刻みニラを入れて芽胞菌を殺菌する
すりリンゴ	9	90	酸が多く，固いリンゴをする。紅玉，ジャズなど，食酢の中へすると変色しない
すりニンニク	9	90	
本かつおだし	3.5	35	理研ビタミン㈱
こんぶだし	3.5	35	理研ビタミン㈱
ナンプラー	2	20	
秋田しょっつる	3	30	
白しょうゆ	4	40	
一味唐辛子	2.4	24	
韓国唐辛子	1	10	
おろし生姜	0.6	6	
具	20	200	
		120g	加温塩水漬にした千切りダイコン
		80g	塩揉みした千切りニンジン
白ゴマ	1	10	
刻みニラ	2	20	
25％焼酎	2	20	
水	4	40	水を撹拌しながら，片栗粉を少しずつ入れる。片栗粉に水を入れるとダマとなる
片栗粉	3.9	39	
乳酸菌（HS-1）	0.1	1	冷却後，撹拌しながら入れる
	100	1000	蒸発した分は水を補充して1kgとする

注）1 乳酸菌のHS-1は茨城県工業技術センターで開発したもの。ただ、市販はされていないため、入手ご希望の際は小林さんにお問合せください。連絡先は携帯電話で090-3006-7880となります。価格は2千円です。添加しなくても良いが、添加すると防腐効果がある。

注）2 食品添加物を含む色素を添加していないため、赤色に欠ける。赤色がほしい場合には、パプリカ（1～2.3％）を混ぜるとよい。

◆加温塩水漬で刻みハクサイをつくる
① ハクサイは汚れた葉を取り、蔕を取る。株元の方に泥などがついていれば洗い落とす。
② 洗ったハクサイを八つ割にし、4～5cm幅に切って、ネット（百円ショップで手に入る）に入れる。
③ 3％塩水をつくる。ハクサイが鍋に十分浸るくらいの量がめやす。
④ 塩水を加温し、57℃になったら火を止める。
⑤ ネットごとハクサイを塩水に入れる。このとき塩水は55℃以下になる。50℃に近くなったら弱火で加温する。50～54℃の温度を維持して、10分間浸け続ける。
⑥ 10分後にハクサイを引き上げ、水を切っておく。
⑦ ポリ袋にハクサイと、これと同量の3％塩水を入れる。塩水はあらかじめ冷蔵庫で冷ましておいたものを使う。
⑧ ポリ袋をぐるぐる巻いて脱気したあと、冷蔵庫で2日間寝かせる。

◆仕込み
① 冷蔵庫で2日間熟成させた「刻みハクサイ」を取り出して、よく水切りする。
② 水切りしたハクサイをポリ袋に入れ、その重量の1/3のキムチタレを加えて混ぜる。
③ 冷蔵庫で3日間熟成させる。

◎ 刻みハクサイの通常の塩漬方法による製法
　加温塩水漬でなく、刻みハクサイを通常の塩漬方法による製法を次に述べる。

　汚れた葉を取る→蔕切り→洗浄（泥等が付いてなければ省略）→四つ割→約4cmに切断する→洗浄→塩漬→洗浄→水切り（2時間、冷蔵庫）→ポリ袋へキムチタレ（塩漬刻みハクサイの1/3）と共に入れる→攪拌後、空気を追い出してポリ袋を密閉→熟成（冷蔵庫3日間）
　　↑
熟成（一週間）←タレ製造←具の製造

◇刻みハクサイの塩漬による方法
① ハクサイが15kgの場合、30Lのタルで漬ける。タルは洗浄し、ポリ袋を入れる。
② 約4cmに切断した刻みハクサイはポリ袋内へ漬ける。塩は、刻みハクサイの3％。3/4の塩を刻みハクサイへ振り、手で掻き回し、上から押し込む。残りの1/4の塩を最上部へ振る。
③ ポリ袋シートを敷いた上へ、重石板と重石30kgを載せ、数時間で充分に液が上がったら、重石10kgとする。
注）1 衛生的に漬けるため、ハクサイと、重石板及び重石はポリで、接しないようにする。
　　2 重石をきかせるため、ポリ袋を閉じないで、重石を載せる。
④ 塩漬期間は、2～3日間とする。
⑤ 漬け上がりの塩漬刻みハクサイの洗浄は、菌数の多い上部液を捨ててから、白菜を取り出して行う。洗浄後、水切りし、キムチタレと混ぜるまで、ポリ袋へ密閉して冷蔵庫へ入れて置く。水切り後、早くタレと混ぜた方が良い。

◇タル、塩漬による具の製造
　具の製造は、なるべく温度の低い所で行う。一例を次に示す。
　20Lタルへポリ袋を入れ、その中で千切りした野菜を塩漬する。塩を振り、かき回してしばらく置く。重石30kg（ポリ袋で包む）を載せる。2日後、上部液が、野菜と混ざらないように液を捨てる。歩留は30～38％になるように重石と漬込期間を調整する。
〈具の配合〉
塩　　　　　　　　105.6（野菜の4％）
千切りダイコン　　2,400g
〃　ニンジン　　　240g
圧搾後　　　　　　996g（37.7％）

◇タレの製造
　上記の加温塩水漬刻みハクサイの記載方法に準じる。

●タマネギキムチ

無添加キムチタレでさらに夢の世界へ誘う、おいしさ

剥皮したタマネギを加温塩水漬（3％塩水、60℃、30分）し、調味液に漬けたタマネギへタレ1/3を混ぜる。

注）加温塩水漬の方法は、キュウリ浅漬、ハクサイキムチ用の刻みハクサイを参照

〈キムチ用タマネギの調味液〉煮沸した調味液に加温塩水漬後のタマネギを入れ、10分放置後（辛味成分を飛散させる）、密封して冷却し、翌日、使用する。

水	17ml
白しょうゆ	10ml
本みりん	10ml
食酢	13ml
	50
処理タマネギ	100g

●ラッキョウキムチ

無添加キムチタレでさらに夢の世界へ誘う、おいしさ

調味したラッキョウへキムチタレ1/3を混ぜる。
ここでのラッキョウは乳酸発酵したものを使用する
乳酸発酵ラッキョウの製造方法
泥ラッキョウ→葉茎切断→洗浄→水洗→ラッキョウと同量の塩水（塩10％、酢酸として0.1％「食酢2.4％」）をポリ袋へ入れ密閉→約2週間醗酵→両切→洗浄（ニゴリが取れるまで）・剥皮→ガス抜・脱塩（60℃、30分）→75℃の調味液を入れて20分→冷却→冷蔵庫

なお、ポリ袋が、2週間で醗酵のガスでフクレる。その後、冷蔵庫で2ヵ月間は貯蔵可能。それ以上貯蔵する場合は、ポリでなく、ガスバリヤー性の良い包材（エバール、ナイロンポリ）でシールして発酵させる

〈キムチ用ラッキョウの調味液〉一週間漬けたラッキョウ漬をキムチ用として使用する

砂糖	50g
本みりん	6ml
しょうゆ	6ml
食酢	6ml
	68
乳酸発酵済みラッキョウ	100g

なお、上記のラッキョウでなく、市販の甘らっきょうへキムチタレ1/3添加したものも、おいしく食べられる。

●ニンニクキムチ

無添加キムチタレでさらに夢の世界へ誘う、おいしさ

ニンニクキムチ

ニンニク　鱗片

　ニンニクを沸騰水で10分間、加熱した後、鱗片をバラバラにし剥皮（加熱後は剥皮が容易となる）、洗浄する。洗浄ニンクを調味液と5分間沸騰させ、一晩熟成させる。このニンニクヘタレ1/3を混ぜる。

〈キムチ用ニンニクの調味液〉

水	20ml
白しょうゆ	10ml
本みりん	15ml
砂糖	15g
食酢	10ml
	70ml
剝皮ニンニク	100g

●べったらキムチ

無添加キムチタレでさらに夢の世界へ誘う、おいしさ

　本書10Pのべったら漬（糖漬ダイコン）ヘタレ1/3を混ぜる

第3章　添加物に頼らない乳酸発酵でおいしくなる漬物（古漬）

●ぬか漬

100年続く、おいしいぬか漬

熟成ぬか床

撹拌しないと右側のように白い産膜性酵母が出てくる

野菜の高い冬期は、熟成ぬか床をポリ袋で空気を追出し密閉、保存する

冬期、ぬか床上部をポリシートで覆っても、産膜性酵母は出てきて腐敗する

(1) 特徴

　市販のぬか床は、生糠や炒り糠を使用しているが、本来のぬか床の風味がない。それを補うため、種々の調味料を添加している。本物は、生糠、塩、水を混合したものに野菜を入れ、夏場の温度で毎日撹拌して、2ヵ月以上経て、初めて、本来のぬか床の風味が生成する。したがって、本物と偽物の相違はフレーバーが違う。しかし、本物のぬか床は、毎日の管理が面倒で、また、臭いと嫌われる面があるため、偽物が横行している一因となっている。

(2) 賞味期限

　本物のぬか床は、野菜を入れ、毎日攪拌していれば、100年でも、おいしいぬか漬を提供してくれる。ぬか床の中の野菜は、様々の微生物、酵素によって、おいしいぬか漬へ変身する。しかし、乳酸菌の作用を受け過ぎると、酸っぱくなり、おいしくなくなってしまう。この乳酸菌の制御技術は、温度管理しかない。30℃で本物のぬか床を造り、そこへ、一定時間と一定温度で野菜を入れるのが、唯一の方法である。それも、ぬか漬が空気にふれたら、おいしさを保たれる

のは、何時間もない。
(3) **製法**

　生糠1kgと9%塩水1.5Lを混合（食塩濃度5.4%）して野菜を入れ、1日1回攪拌して、暖所で（約30℃）、2ヵ月以上で風味の良いぬか床ができる。

注）1　ぬか床のフレーバー生成は、30℃前後で生成される。冷蔵庫や温度の低い所ではフレーバーは生成されない。但し、フレーバーが生成した後、温度の低い所で野菜を漬けるのは、一定のおいしいぬか漬を造るのに適している。

　　2　風味の良いぬか床（種ぬか）が手に入れば、ぬか床へ10%添加混合し、同じように野菜を入れ、1日1回攪拌すれば、安全に良いぬか床ができる。

　　3　ぬか床の水分、塩分（約5%）を、保つように、糠、塩を補充する。

　　4　炒り糠は、本来のぬか床のフレーバーは形成されないため、生糠を使用すること。

(4) **保存**

　野菜の高い冬期において熟成ぬか床を保存する場合は、ポリ袋で空気を追出して密閉保存する（写真）。

●ラッキョウの乳酸発酵

ポリエチレン袋で、安全・容易に乳酸発酵し、おいしさ抜群

（特許製法：特開平11-155522「発酵調味液の製造方法」）

(1) 特徴

低塩で乳酸発酵しているため、苦味が少なく、砂糖等の調味料は通常の2/3でおいしい。

(2) 賞味期限

塩ラッキョウ、酢漬、しょうゆ漬の製造から一週間経て食べられる。製造直後からポリ袋に密閉されていれば、塩らっきょうは1ヵ月、酢漬、しょうゆ漬は3ヵ月は保存可能である。

(3) 製法

洗浄・両切→水洗→塩水漬（10％塩水と全体の1/42の食酢を混合した液をラッキョウの同量で漬けると、塩5％、酸0.1％となる。）→ポリ袋で密閉 → 約二週間乳酸醗酵（ガス発生）→冷蔵庫貯蔵→加工時洗浄（ニゴリ、薄皮が取れるまで）→ガス抜（お湯約50〜60℃で15分間、沸騰水に約同量のらっきょうを入れると約60℃となる。この操作で歯切れが良くなり、また、袋詰ラッキョウの加熱殺菌が可能となる。「以上を乳酸発酵済みラッキョウとする」→袋詰（ラッキョウへ沸騰寸前の調味液を同量入れてポリ袋で密閉）→冷蔵庫

ラッキョウのポリ袋による塩水漬

ラッキョウのポリ袋乳酸発酵におけるガス発生

注）1　乳酸醗酵について

　　数日で醗酵したガスにより、ポリ袋がフクレ、液が濁る。通常は、1～2週間醗酵後、加工する。加工するまでそのまま密閉したままであれば、1ヵ月　貯蔵可能である（袋はフクレと縮みを繰り返す）。密閉しているため、腐敗や酸敗はない。それ以上貯蔵する場合は、乳酸発酵後、冷蔵庫へ入れる。常温で年間貯蔵する場合は、ポリでなく、ガスバリヤー性の良い包材（エバール、ナイロンポリ）でシール密閉する。

　　この方法は特許として出願した（特開平11-155522「発酵調味液の製造方法」）。

注）2　ポリ袋内で安全に乳酸発酵させる原理

　　フクレても、腐敗や酸敗が起こらない理由は、種々の微生物の生育により、酸素を消費して主に炭酸ガスを生成し、袋内の酸素を零にして袋がフクレる。この生成した炭酸ガスは、直ぐに袋外へ流出するため、袋内部のガスは、ほとんど窒素ガスとなる。ポリ袋の縮みは分圧の関係でこの窒素ガスも流出したためである。このため、空気がないと生育しない腐敗菌の好気性菌が生育しないで、乳酸菌が生育する。なお、嫌気状態において生育する腐敗菌の酪酸菌は、pHが低い（酸が多い）ため、生育できない。

●塩、しょうゆ、酢、ピリ辛ラッキョウ

塩ラッキョウ漬

しょうゆラッキョウ漬

酢ラッキョウ

ピリ辛ラッキョウ

乳酸発酵済ラッキョウを洗浄し、沸騰水を入れ50〜60℃で15分間置く。次に水切りしたラッキョウへ沸騰寸前の調味液を同量入れてポリ袋で密閉する。冷却後冷蔵庫に入れる。

〈塩、しょうゆ漬、酢漬の調味液〉沸騰寸前まで加熱

	塩	しょうゆ漬	酢漬
水	81	33	35ml
砂糖		30	30g
本みりん	15	15	15ml
しょうゆ		10	ml
すし酢（昆布入り）		12	8ml
レモン酢			6ml
食酢	4		6ml
	100	100	100
処理済みラッキョウ	100	100	100g

（食塩濃度　塩　約1.4%　しょうゆ漬　約2.4%、酢漬　約1.6%）

注）　ピリ辛ラッキョウは、酢漬へ、輪切り唐辛子0.15%（0.3g）を入れる

●ブルーベリーラッキョウ、カシス（クロスグリ）ラッキョウ

カシス（クリスグリ）ラッキョ

(1)　特徴

　ブルーベリーは目にやさしい「瞳」の果実と言われている。カシス（クロスグリ）も、ブルーベリーと同様な効果があり、ブルーベリーよりも、酸味が強い。また、ラッキョウの匂いを、ブルーベリー、カシス（クロスグリ）がカバーして香味が良くなる。

(2)　賞味期限

　製造から一週間経て食べられる。製造直後からポリ袋に密閉されていれば、冷蔵庫で3ヵ月は保存可能である。なお、明るい所に置くと、ブルーベリーとカシス（クロスグリ）色素は退色する。

(3)　製法

　ポリ袋へ前述の乳酸発酵済みラッキョウと沸騰寸前の調味液を同量入れ、空気を追い出して密閉し、冷蔵庫へ入れる。

〈ブルーベリーラッキョウ、カシス(クロスグリ)、ラッキョウの調味液〉沸騰寸前まで加熱

	ブルーベリー	カシス(クロスグリ)
ブルーベリージュース(50％)	20	― ml
カシス(クロスグリ)ジュース(50％)	―	20ml
砂糖	30	30g
本みりん	15	15ml
すし酢(昆布入り)	8	8ml
レモン酢	6	6ml
食酢	6	6ml
	85	85
処理済みラッキョウ	100g	100g
(食塩濃度 約1.7％)		

●たまり漬ラッキョウ

(1) 特徴

しょうゆに味噌を混ぜると、**たまり風の調味**となり、おいしくなる。

たまり漬は、製造方法がほぼ同じであるが、品名が、もろみ漬・たまり漬・みそ漬として販売している。昔からこれらの漬物は、栃木県の今市市が有名で、日光の観光者を対象としてかなりの売り上げがある(主なメーカーは福田屋、樋山、上沢)。後発メーカーとして群馬県の「たむらや」、吾妻味噌しょうゆ、沢田農協が売り出してきた。特に「たむらや」が有名である。販売方法においては沢田農協が、スーパー、百貨店で販売をしている他は、多くのメーカーが主に直売・通販である。

(2) 賞味期限

製造から一週間経て食べられる。製造直後からポリ袋に密閉されていれば、冷蔵庫で3ヵ月は保存可能である。

(3) 製法

ポリ袋へ前述の乳酸発酵済みラッキョウと沸騰寸前の調味液を同量入れ、空気を追い出して密閉し、冷蔵庫へ入れる。

〈ラッキョウたまり漬の調味液〉85℃加熱

しょうゆ	17ml
赤みそ	8g
本みりん	10ml
食酢	1ml
砂糖	14g
唐辛子(一味)	0.1g
	50.1
処理済みラッキョウ	100g
(食塩濃度 約3.7％)	

●塩水漬による乳酸発酵からのナスしょうゆ漬

乳酸発酵でナスの旨味を引き出したおいしさ

⑴ 特徴
　焼ミョウバンを使用しないため、ナスの色が落ちるが、ミョウバンに由来する苦味がないため、味は良い。今回は、秋になりシーズンを過ぎたナスで加工した。秋ナスは硬いが、乳酸発酵すると軟くおいしくなる。しかし、食塩濃度が2～3％でなく、4％以上で塩からいため、「ご飯のとも」として食べるのが良い。

⑵ 賞味期限
　製造後一週間経てから食べられる。製造直後密封し、ポリ袋を開封しなければ冷蔵庫（5℃以下）で3ヵ月保存可能である。

⑶ 製法
　ナス→頭部を切断して蔕除去→洗浄→塩水漬（10％塩水をナスの同量で漬けると、塩分が約5％となる。）→10～14日間乳酸発酵（容器、重石は写真で説明）→洗浄→釘、または、千枚通しで5～6ヵ所、穴を開ける→5～6倍の水へ入れ、水から60℃、30分加熱→鍋へ調味液を入れる→再び沸騰後、ナスを入れ、ザルを載せ、その上に皿を置き、調味液が上に出た状態で、調味液と沸騰10分（ザルの上に）→熱時ポリ袋に密閉→冷却後冷蔵庫

蔕除去したナス

かなり重石を多くした塩水漬8Lの容器、ナス3kg、重石27kg

重石を軽くし(6kg)、6日後の液表面液の色が青色から褐色、発酵で泡が出て、白い産膜酵母がポツンポツンと出ている。

2週間経て、液表面が産膜酵母に覆われた。乳酸発酵の終了

洗浄・圧搾したナス

注)1　塩水漬による乳酸発酵の原理
　通常の漬方だと、野菜と液表面までの距離が近いため、液表面の産膜酵母がナスの栄養分を食べて、ナスを腐敗させる。しかし、野菜と同量の塩水で漬けると、野菜と液表面までが離れているため、ナスには直接の影響は与えない。また、液表面の産膜酵母はナスの酸を食べてpHを上げ、乳酸菌が生育しやすい環境をつくる。

〈しょうゆ漬の調味液〉

水	30ml
しょうゆ	24ml
赤みそ	10g
本みりん	13ml
食酢	3ml
砂糖	20g
唐辛子(一味)	0.04g
	100.04
処理済みナス	100g
(食塩濃度　約4.1%)	

●ぬか床による乳酸発酵からのナスしょうゆ漬

(1) 特徴

　市販製でなく、毎日攪拌している家庭のぬか床を利用して、二週間でおいしいナスの古漬ができる。

(2) 賞味期限

　製造後2日経てから食べられるが、一週間後の方がおいしい。製造直後密封し、ポリ袋を開封しなければ冷蔵庫で3ヵ月保存可能である。

(3) 製法

　ナス→蔕切断・除去→洗浄→熟成ぬか床へ漬込（20から30℃で4～7日間、色が褐色になるまで）→毎日攪拌→洗浄→手で搾り内部の水を出す→圧搾（手で搾ったデコボコをなくす）→洗浄→釘、または、千枚通しで5～6ヵ所、穴を開ける→5～6倍の水へ入れ、水から60℃、30分加熱→鍋へ調味液を入れる→再び沸騰後、ナスを入れ、ザルを載せ、その上に皿を置き、調味液が上に出た状態で、調味液と沸騰10分（ザルの上に）→熱時ポリ袋に密閉→冷却後冷蔵庫

　この製法で、キュウリ、ニンジン、ダイコンなども同様に製造できる。

〈ナスしょうゆ漬の調味液〉

　前述の塩水漬からのナスしょうゆ漬と同じ。

●塩水漬による乳酸発酵からのキュウリしょうゆ漬

乳酸発酵でキュウリのうま味が倍増したしょうゆ漬

しょうゆ漬キュウリ

塩水漬前の頭、尾部を切断したキュウリ

2週間経て、液表面が産膜酵母に覆われた

洗浄・圧搾したキュウリ

(1) 特徴

キュウリを乳酸発酵させているため、その風味と調味液の香味が生かされておいしい。

(2) 賞味期限

一週間後から食べられる。製造直後密封し、ポリ袋を開封しなければ冷蔵庫で3ヵ月保存（5℃以下）可能である。

(3) 製法

キュウリ→洗浄→塩水漬（10％塩水をキュウリの同量で漬けると、塩分が約5％となる。）→10〜14日間乳酸発酵→洗浄→横に5〜6cm幅に切断→5〜6倍の水へ入れ、水から60℃、30分加熱→鍋に調味液を入れ、沸騰後、キュウリを入れる→再び沸騰後、ザルを載せ、その上に皿を置き、調味液が上に出た状態で、沸騰10分→熱時ポリ袋に密閉→冷却後冷蔵庫

注）塩水漬による乳酸発酵

キュウリ2.5kgで、8Lの容器を使用する。

キュウリ（品種は常磐系が良いが、他の品種でも可）→花取り・洗浄→キュウリと同量の塩水（10％塩水をナスの同量で漬けると、塩分が約5％となる。）で塩水漬→重石板、重石（上記ナスと同じで27kg載せ、充分な液上がり後6kg）→冬季以外（20〜30℃）で、10〜14日間発酵させる。キュウリは乳酸発酵により褐色となる。食塩濃度や温度によって醗酵期間は異なる。上部漬液に白いカビ（正しくは産膜性酵母）が、一面に広がった時点が、乳酸発酵の終わった時である。

〈キュウリしょうゆ漬の調味液〉

前述の塩水漬からのナスしょうゆ漬と同じ。

●生しば漬

（特許製法：特開平11-155522「発酵調味液の製造方法」）

生しば漬

処理したしば漬原料をポリ袋で密閉して2週間発酵（特許製法）

(1) 特徴

本物の生しば漬である。料理にも使える。

化学調味料等を配合して製造したしば漬は、調味しば漬とも言う。乳酸醗酵によるしば漬は生しば漬と言う。調味しば漬の方が普及している理由は、生しば漬が乳酸発酵であるため、品質が一定しないためである。例えば、過発酵によるサイレージ臭や秋以降の保存は、色が黒ずんでしまう欠点がある。調味しば漬は、いつでも製造でき、品質が一定している。また、添加した酸味料やグルタミン酸ナトリウム等の味が消費者に受けている。

(2) 製法と保存方法

品質の良い生しば漬の製造と保存方法はつぎのとおりである。

原料の配合割合は、ナス2230g、キュウリ620g、赤シソ葉430g、ミョウガ100g、シシトウガラシ350g、野菜全量は3730g、塩3.3％。配合割合は、塩を3.3％にすれば、量は適当に変えて良い。

赤シソ葉は洗浄して、塩3％で揉む、出た液はアクが多いので捨てる。キュウリは洗浄し、巾3mm位切断後、塩3％で揉んで、液は捨てる。ナスもキュウリと同様に処理する。シシトウガラシとミョウガは洗浄する。

赤シソ葉、シシトウガラシとミョウガは、巾3mm位に輪切りし、全ての野菜を混ぜポリ袋へ入れる。処理後の野菜全量は2620g、ポリ袋に入った野菜へ食酢61ml（酢酸として0.01％）を混ぜる。8Lポリ容器に、ポリ袋と処理した野菜入れ、手で押し込み、中央を高くしてから、その上をポリシートを敷き（これらと野菜が接しないようにして雑菌混入を防ぐ）、重石板と重石16kgを載せる。約4～5時間後、上がった液は捨てる。次に重石は16kgから26kgとし、漬込の翌日及び2日後において2回、浸出液を捨てる。野菜全量は980gとなった。次にポリ袋を圧し、液を上げて空気を追い出してポリ袋で密閉する（写真、特許製法）。2週間（実施日6/19～7/3）、常温で乳酸発酵させる。その後、冷蔵庫で一週間熟成させる。

過発酵でサイレージ臭がする場合、白しょうゆ、または、本みりんを5％添加すればおいしく食べられる。（食塩濃度 約3％）

●民宿風本格野沢菜漬

民宿風本格的野沢菜

漬け上がった民宿風本格的野沢菜（タル）

野沢菜漬の副原材料

畑の野沢菜（有）宮城商店・木の花農場
農薬や除草剤を使用していないため、オオイヌノフグリが野沢菜の間に繁茂している

(1) 特徴

　浅漬は市販品と同じであるが、民宿風は、本格的な野沢菜漬でおいしい。

(2) 賞味期限

　浅漬は0〜5℃で二週間、民宿風は12月末に本漬して、約1ヵ月以上経た2月中旬以降、緑色から褐色を帯びたものを随時取り出して食べる。容器に残ったものは、再び重石をきかし、液を上げ保存する。タルから出した野沢菜は、液がある状態で素早く空気を追い出してポリ袋に密閉して（出来ればこのものをさらに真空包装する）冷蔵庫に入れ、保存する（0〜5℃で二週間）。野沢菜漬は、空気に触れると、現地（長野県）の言葉で風邪を引くと言われ、風味が劣化する。タルから出し、カットして食べる時30分以内が望ましい。

(3) 製法

① 荒漬

　野沢菜→1トンの容器（野沢菜の3倍の容量）へ塩水を入れる→野沢菜と塩の繰り返しで漬込→重石を載せる600kg→一晩で液が上がる→重石を300kgとする→3日後本漬

　野　沢　菜　　　333kg
　5％塩水（1/5）　70L
　塩　　　　　　　16.5kg（野沢菜の5％）
　重石　一晩　　　600kg

注）　通常は上記条件で液上がりするが、年によって、野沢菜の水分が低く、重石を1800kg、塩水を270Lしないと液上がりしない場合がある。

② 本漬

2回洗浄し、混入している枯葉、草を取る。荒漬の食塩濃度1.5%

㋐ 民宿風

1,500Lの容器（野沢菜の約2倍弱）

荒漬野沢菜に対しての%

荒漬野沢菜	800kg	
塩	16kg	2.0
煮干し（粉末）	800g	0.1
唐辛子（一味）	560g	0.05
刻み昆布	8kg	1.0
赤味噌	2.4kg	0.3
	827.76 kg	

重石は、約1,100kg（午後6:30）→液上がり約5cmで重石600kg（翌日 午前11:00）とする（食塩濃度 約3.4%）。このままの状態で3月まで置く。

注）1　塩、煮干し（粉末）、唐辛子、刻み昆布は、混ぜて置いたものを野沢菜の一段毎に入れる。

2　赤味噌2.4kg は、水約20Lに溶かし、野沢菜の一段毎に撒く。

3　野沢菜と重石板、重石が接しないようにするため、野沢菜の上にポリシートを敷く。

4　産膜性酵母の発生を防ぐため酢酸0.1%（荒漬野沢菜漬に対して2.3%の食酢）を上がった漬液へ入れる。

㋑ 浅漬

荒漬を洗浄したものにしょうゆ漬の調味液を入れ、ポリ袋で密閉して冷蔵庫へ入れる。

〈しょうゆ漬の調味液〉80℃加熱冷却

水	20ml
白しょうゆ	12ml
本みりん	10ml
食酢	2.0ml
唐辛子（一味）	0.05g
	44.05
荒漬野沢菜	100g

（食塩濃度　約2.5%）

第4章　添加物に頼らない新しい漬物

●甘酒漬

甘酒により麹の風味が際立ち、新鮮野菜との組合せで美しく、おいしい

甘酒漬

甘酒、各種野菜

(1) 特徴

甘酒の麹の風味と新鮮野菜がマッチし、色取りも良くおいしい。

(2) 賞味期限

冷蔵庫に入れて5日後がおいしい。製造直後密封し、ポリ袋を開封しなければ2週間保存可能である。

(3) 製法

① 甘酒漬の素を次のとおり配合して置く。

本みりん	50ml
塩	30g
甘酒	375g
コショウ	0.9g
食酢	33ml
	489（530g）　野菜類 1100g

② ニンジン

ニンジン→洗浄→頭部、尾部の切断→食べやすい大きさにカット（縦横に1/2～1/4、但し縦を長くする）→調味液とニンジンを鍋に入れ、攪拌しながら5分間ボイルする。→ポリ袋に密閉し、冷却後、冷蔵庫で1～7日間熟成したものをサット洗浄して使用する。

〈ニンジンの調味液〉

〈調味液〉　ポリ袋へニンジンと沸騰寸前の調味液を入れ、冷却後冷蔵庫へ

白しょうゆ	15ml
赤みそ	5g
本みりん	20ml
食酢	10ml
	50
ニンジン	100g

（食塩濃度　約2.3%）

③ 菌数が多いダイコン、カブの皮は剥く。ナスは蔕を取り洗浄する。キュウリは塩を塗して洗浄する。

④ ダイコン、カブ、ナス、キュウリは食べやすい大きさにカットする。

⑤ 甘酒漬の素を弱火で加熱して溶かし、沸騰寸前（噴きこぼれ易いため、注意）まで加熱する。

⑥ 熱時、ニンジン、ダイコン、カブを入れる（60～70℃）。やや冷え（約55℃、55℃以上だと色が退色する）てからナス、キュウリを入れ、空気を抜いて密閉する。

⑦ 冷却後、冷蔵庫（5℃以下）で保存する。

（食塩濃度　ニンジンを野菜の16%使用で約2.3%）

⑧ 甘酒漬の2回漬への使用は可能である。1回使用した甘酒漬の素を泡が出る沸騰寸前まで加熱して殺菌する。

●即席ピクルス

色取り美しく、おいしさ天下一品

即席ピクルス

各種野菜

(1) **特徴**

　季節の野菜で色取りの良い、香味の良いピクルスができる。

(2) **賞味期限**

　製造の翌日でもおいしいが、3日経てからのものが食べ頃である。一週間で、キュウリの緑が退色してきて、徐々に新鮮さが失われる。冷蔵庫保存で1ヵ月後でも味は良い。

(3) **製法**

原料→野菜トリミング→洗浄→カット→ポリ袋による漬込→冷蔵庫

① 原料の割合

　ダイコン（白）、キュウリ（緑）、タマネギ（白）、ニンジン（赤）、パプリカ（赤、黄）は味や色取りの面から必要であるが、季節の野菜を使用するのも趣がある。一般には、値段の安いダイコンを多くし、白、緑、黄、赤等の色取りを考慮すれば、割合は適当で良い。

　　　　　　　　　割合の一例（％）
ダイコン　　　　　　　約55
タマネギ　　　　　　　〃20
キュウリ　　　　　　　〃10
ブロッコリー　　　　　〃5
ニンジン　　　　　　　〃5
パプリカ（赤色、黄色）〃5

注）ダイコン以外の適当量のカット野菜をポリ袋を入れる。香辛料等の量を正確にするため、最後にダイコンを入れて重量調整をする。

② 野菜トリミング

タマネギ　上部と下部の切断、根部の方から外皮剥き（新タマネギは剥皮し易いが、皮が褐色となったものは、予め水に濡らしておくと、剥き易い）

ブロッコリー　株部を切断

ダイコン　　頭と尾部の切断、皮剥き、白部が良い

キュウリ　　頭と尾部の切断

ニンジン　　菌数が多い皮は剥く、頭と尾部の切断

パプリカ　　頭と尾部の切断、縦に半割して蔕と種を取る

③ 洗浄

品温を下げる意味でも洗浄は行う。

　キュウリは、洗浄のみでは菌数が多い。また、露地キュウリは匂いがあるため、洗ってから、塩を塗

して皮を擦って置く。2〜3分放置してから洗う。大量の場合は、食酢4.2%を1/10希釈した液に30分浸漬。汚れない限り何回でも使用可。酸による退色は生のため、起こらない。

④　カット

　タマネギは、縦に半切り、次に横に輪切り（約5mm）、最後のものはさらに横にして約5mm巾切り。

　ブロッコリーは、1茎に1花蕾とする。

　ダイコンは、スティック状にカット（3〜5mm×5〜8cm）。ダイコンの場合、長い方が、ダイコンの縦側となっていること。この方が綺麗に見える。

　キュウリは、横に（4〜6cm）幅に切断してから、縦に1/2〜1/4（大）カットする。これにより、全てのキュウリに表皮があって、緑色が美しく見える。

　ニンジンは、細いスティック状にカット（2〜3mm×5cm前後）

　パプリカは、縦に1/16以上のカット

⑤　ポリ袋による漬込

㈦　カットニンジンは、あらかじめ、塩をまぶし混ぜる。約5分後搾ったものを使用する。

㈣　ポリ袋へ下記の原材料を入れて、軽く混ぜる。約5分後、さらにポリ袋の外から軽く混ぜる。混ぜるだけで、揉まない方が新鮮さがある。

　野菜類1kgに対して、塩20g、ローリエ0.4g、ブラックペッパー0.6g
（ローリエは必須であるが、好みによりタラゴン、バジルでも可、但し、ローリエ以外は一種類が良い）（なお、ローリエは異物と判断される恐れがあるため、切断方法等を工夫すること）

㈨　㈣の約10分後、食酢（4.2%）120〜150ml（レモン酢、すし酢を使用しても良い）、本みりん70mlを入れ混ぜる。

　酢の配合の一例：食酢（ミツカン穀物酢）40ml、すし酢（昆布だし入り）50ml、レモン酢30ml、なお、夏季は酸量を増やし、食酢（ミツカン穀物酢）50ml、すし酢（昆布だし入り）60ml、レモン酢40mlとする。
（食塩濃度　約2.0%、処理野菜からの歩留は約80%）

㈢　ポリ袋で密閉して冷蔵庫保存

●古漬ピクルス

常温保存で、色取り美しく、おいしさ天下一品。

(1) 特徴

　パプリカの赤、黄色、橙色、ニンジンの赤、タマネギの白が美しい。通常の古漬ピクルスは殺菌するため、かなり歯切れが劣るが、この製法では歯切れが良い。なお、トッピング効果のあるミニトマトを入れても良い。

(2) 賞味期限

　常温3ヵ月

(3) 製法

　各野菜処理→ピクルス調味、殺菌→ポリ袋包装

〈各野菜処理〉

1　パプリカは、蔕、及び半割して種を取る。食べやすい大きさにカットしたものを、沸騰水に入れ、60〜70℃とし、20分放置してから使用する。

2　ニンジン→洗浄→頭部、尾部の切断→横に切断（1/2）→縦に半割（1/2、以上で4本）→調味液とニンジンを鍋に入れ、攪拌しながら5分間ボイルする。→ポリ袋に密閉し、冷却後、冷蔵庫で1〜7日間熟成したものをサッと洗浄して使用する。

〈ニンジンの調味液〉

　ニンジン　　100g

〈調味液〉　ポリ袋へニンジンと沸騰寸前の調味液を入れ、冷却後冷蔵庫へ

　　白しょうゆ　　15ml
　　赤みそ　　　　5g
　　本みりん　　　20ml
　　食酢　　　　　10ml
　　　　　　　　　50
　（食塩濃度　約2.3%）

3　タマネギ

　剥皮タマネギを半割して加温塩水漬（3%塩水、60℃、30分）し、15分水冷・脱塩したものを、次とおり調味する。

注）　加温塩水漬の方法は、キュウリ浅漬、ハクサイキムチ用の刻みハクサイを参照

〈調味液〉ポリ袋へ加温塩水漬後のタマネギを入れ、煮沸した調味液を注ぎ、熱いまま10分放置後、密封して冷却し、冷蔵庫で4日以上熟成したものをサッと洗浄して使用する。

4　ミニトマトの蔕を手で取り洗浄し、針で4ヶ所穴を開け、沸騰水に入れ、60〜70℃とし、20分放置してから使用する。

〈タマネギの調味液〉

　　上記のニンジンと同じ

〈ピクルス調味、殺菌〉

　各野菜　100gに対して

　ローリエ　0.04g（一包装一葉）、ブラックペッパー0.06g、本みりん7ml、食酢4〜5ml、すし酢5〜6ml、レモン酢3〜4ml、水20〜23mlを入れ混ぜる（以上50ml）。鍋で沸騰寸前まで加熱し、殺菌する。

注）　夏場の酢は、多い方が良い。

〈ポリ袋包装〉

　熱時、各野菜が1個以上入っているようにポリ袋へ入れ、空気を追い出して密閉する。冷却後冷蔵庫に入れて一週間熟成

（食塩濃度　約1.6%（ニンジン＋タマネギとミニトマト＋パプリカが同量の場合）

●カボチャの漬物

黄色美しく、おいしいカボチャの漬物

コリンキーの酢漬

コリンキーのしょうゆ漬

コリンキー

(1) 特徴

生でも食べられるカボチャのコリンキー、鈴かぼちゃを漬物とする。それぞれ彩りが美しい。

(2) 賞味期限

酢漬は製造の翌日でもおいしいが、3日経てからのものが食べ頃である。製造直後密封し、ポリ袋を開封しなければ冷蔵庫で3ヵ月保存可能である。

しょうゆ漬は製造一週間後から食べられる。製造直後にポリ袋に密閉したものは、冷蔵庫で2週間保存可能である。

(3) 品種

熟成させたコリンキーは皮も中も黄色で固い。鈴かぼちゃは、早取りするするため、皮が緑色で中は黄色である。420gは柔らかいが、520gはやや固くなる（北海道産）。

コリンキーは、適季（6～9月）は軟らかい。成熟してくると次第に固くなるが、生食可能である。鈴かぼちゃは適季以外は固くなり、生食や漬物に向かない。また、鈴かぼちゃは微かに渋みがある。そのため、生より漬物の方が適している。

(4) 製法

生→洗浄→皮剝→切断・種取り→薄くスライス→ポリ袋の中で加熱調味液に漬ける→冷却後密閉して冷蔵庫に入れる

切断・種取り：縦に8等分して、スプーン等で種を取り、薄くスライスする。

　薄くスライス：成熟したコリンキーは、固いためできるだけ薄くスライスする。適季（7月）のコリンキーと鈴かぼちゃは4〜5mmにスライス

配合割合

〈酢漬の調味液〉80℃加熱

水	25ml
塩	3g
砂糖	15g
本みりん	12ml
一味	0.1g
レモン酢	5ml
食酢	20ml
	80

スライスカボチャ　100g

（食塩濃度　約2.0％）

〈しょうゆ漬の調味液〉80℃加熱

水	18ml
しょうゆ	15ml
砂糖	10g
本みりん	12ml
一味	0.1g
レモン酢	5ml
食酢	20ml
	80

スライスカボチャ　100g

（食塩濃度　約1.65％）

注）1　食酢の代わりにすし酢（だし昆布入り）28.4mlの方がおいしい

　　2　しょうゆ漬の酸量は、酢漬と同じとする。

●行者ニンニクの漬物（しょうゆ漬）

簡単に出来て、おいしい

(1) 特徴

　行者ニンニクのエグ味が少なくなり、風味が活きている。

　行者ニンニクは、北海道から奈良県以北に見られる。4月末から5月中旬までで、ニンニク臭のある山菜である。本州では、高山の樹林帯の水辺の湿地斜面に群生している。枯れ葉や枝から、数本水みずしく鮮明な緑色が、目に飛び込む。臭いがあり、根に近い部分が赤紫色であることから、スズランやギボシでなく行者ニンニクと分かる。スズランは毒があるので、注意を要する。来年の収穫のためにラッキョウに似た根は残し、根元から切り取る。収穫に播種から5～7年かかるため、少なく高価である。スーパー、百貨店や一般の道の駅では売られていないため、北海道産を取り寄せるか、山が近い野菜直売所や道の駅で手に入れる。私の住む熊谷市で、球根のついた葉を植えたが、西日側は枯れ、朝日の当たる東南で栽培できた。5月末、白ないし薄紫色のネギに似た花を楽しむことができる。

　ニンニクよりも、主成分のアリシンは多い。ビタミンB_1を含み血圧の安定、視力の衰えを抑制する作用がある。

(2) 賞味期限

　液漬後、1～7日が食べ頃、冷蔵庫（10℃）で10日間、冷蔵庫（5℃以下）で1ヵ月。

(3) 製法

① 行者ニンニク→土で汚れている切株を切断→根に近い茶色の薄皮を取る→洗浄→加温塩水漬、3％食塩水、50～54℃、20分→20分間 水で脱塩・冷却→鍋に調味液を入れ撹拌しながら泡がでるまで加熱→行者ニンニクを入れ時々天地返して泡がでるまで（85℃）加熱→直ぐにポリ袋へ行者にんにくと調味液を入れ、空気を追い出して密閉→冷却後冷蔵庫（5℃以下）

注) 加温塩水漬の方法は、キュウリ浅漬、ハクサイキムチ用の刻みハクサイを参照

〈調味液〉85℃達温冷却（煮沸寸前のものを冷却）

しょうゆ	12ml
赤味噌	5g
本みりん	20ml
食酢	8ml
	45
処理行者ニンニク	100g

（食塩濃度　約2.7％）

●マコモダケの漬物

マコモダケの新しい食べ方、賞味あれ

マコモダケしょうゆ漬の浅漬と古漬

マコモダケ

皮を剥いたマコモダケ

黒ずみの入ったマコモダケ（右側）

(1) 特徴

　マコモダケは、真菰の根元にできる肥大した茎の部分である。真菰は流れのゆるい下流の河川や湖沼の水辺に群生している。マコモダケの大きいものは硬くなり、また、黒ずみ（黒穂菌の胞子、写真）が入り、柔らかい筍のような歯ざわりや、甘味や香りも劣って食味が劣る。したがって、比較的小ぶりのものが良い。

　農産物直売所で手に入れるマコモダケは、大きいのも、小さいものもある。大きいものは、古漬にすれば、比較的、黒ずみを分からなくなり、また、渋みが加熱で分解する。

(2) 賞味期限

　製造、2～3日後から食べられる。製造直後密封し、ポリ袋を開封しなければ浅漬は、冷蔵庫（5℃以下）で1ヵ月、古漬は、冷蔵庫で3ヵ月保存可能である。

(3) 製法

◆浅漬

　マコモダケ→皮を剥ぐ→先端の細い茎、根部の硬い部分を切断除去→1～3mm幅にカット→ポリ袋にカットしたマコモダケと加熱冷却した調味液を入れる→空気を追い出して密閉→冷却後冷蔵庫（5℃以下）

◆古漬

　マコモダケ→皮を剥ぐ→先端の細い茎、根部の硬い部分を切断除去→1～3mm幅にカット→加温塩水漬（3%食塩水、50～60℃、10分）→10分間水で脱塩・冷却→鍋にカットしたマコモダケと調味液を入れる。→撹拌しながら5分間煮沸→熱時ポリ袋へ入れ、空気を追い出して密閉→冷却後冷蔵庫

注）　加温塩水漬の方法は、キュウリ浅漬、ハクサイキムチ用の刻みハクサイを参照

〈調味液〉浅漬は80℃加熱（泡が出始める）後、冷却して使用。古漬はマコモダケと5分間煮沸。

　　水　　　　　　　　　20ml
　　しょうゆ　　　　　　20ml
　　本みりん　　　　　　15ml
　　砂糖　　　　　　　　15g
　　昆布入りすし酢　　　10ml
　　一味　　　　　　　　0.03gml
　　　　　　　　　　　　80
　カットマコモダケ　　100g
　（食塩濃度　約3.0%）

●茎レタス（乾燥したものは山くらげ）の漬物

乾燥しない山くらげ（茎レタス）の新しい食べ方、賞味あれ

茎レタスしょうゆ漬

茎レタスキムチ

茎レタスの葉しょうゆ漬

茎レタス

(1) 特徴

　茎レタス（ステモ　レタス）は中国原産のキク科アキノノゲシ属チシャ種の植物で、野菜として利用される。乾燥したものは山くらげ（多くは中国産）と呼ばれ、農産物直売所などで売られている。様々な呼び名があり、茎レタス（ステモ　レタス）の外、アスパラガスレタス、茎チシャ、チシャトウ、貢菜、皇帝菜などとも呼ばれる。茎の太さは3～5cm、茎から天に向かって幅広の葉が30cm程伸びる。葉はサラダで食べられるが、茎は湯通してからサラダやその他へ加工する。

(2) 賞味期限

　茎加工漬物は、製造の翌日から食べられる。製造直後密封し、ポリ袋を開封しなければ（5℃以下）で冷蔵庫で3ヵ月保存可能である。

　葉しょうゆ漬は、冷蔵庫（5℃以下）で2週間保存可能である。

(3) 製法
◆茎しょうゆ漬
　茎レタス（ステモ　レタス）→太い茎の硬い部分は切断除去→皮を剥ぐ→食べやすい大きさにカット→鍋へカットしたものと調味液を入れ、撹拌しながら5分間煮沸する→熱時、ポリ袋へ空気を追い出して密閉→冷却後冷蔵庫（5℃以下）

〈調味液〉茎レタスと5分間煮沸

水	14ml
しょうゆ	4.5ml
白しょうゆ	13ml
本みりん	10ml
砂糖	9g
食酢	2ml
レモン酢	2
唐辛子（一味）	0.04g
	54.54
皮を剥きカットした茎レタス（ステモ　レタス）	
	100g

（食塩濃度　約2.2%）

◆茎キムチ
　茎しょうゆ漬のしょうゆを削除して、上記と同様に加工したものへキムチタレを1/3添加する。
　茎レタス（ステモ　レタス）→太い茎の硬い部分は切断除去→皮を剥ぐ→食べやすい大きさにカット→鍋へカットしたものと下漬調味液を入れ、撹拌しながら5分間煮沸する→熱時、ポリ袋へ空気を追い出して密閉→翌日、ポリ袋へ茎レタス（ステモ　レタス）とその1/3のキムチタレを入れ、空気を追い出して密閉する→冷蔵庫（5℃以下）
（食塩濃度　約2.0%）

〈キムチ用の下漬調味液〉茎レタスと5分間煮沸

水	14ml
白しょうゆ	13ml
本みりん	10ml
砂糖	9g
食酢	2ml
レモン酢	2
唐辛子（一味）	0.04g
	50
皮を剥きカットした茎レタス（ステモ　レタス）	
	100g

◆葉しょうゆ漬
　食べやすい大きさにカット→加温塩水漬、3%食塩水、50〜54℃、10分→10分間　水で脱塩・冷却→ポリ袋へ葉と調味液を入れ、空気を追い出して密閉→冷却後冷蔵庫（5℃以下）
注）　加温塩水漬の方法は、キュウリ浅漬、ハクサイキムチ用の刻みハクサイを参照

〈調味液〉
キムチ用の下漬調味液と同じ
（食塩濃度　約1.8%）

●ミョウガの漬物

簡単に出来て、酒のつまみ天下一品

ミョウガ酢漬

ミョウガ

⑴ **特徴**

簡単に漬けられ、ほんのりと赤い即席の酢漬である。

⑵ **賞味期限**

調味液に半日漬けて食べられる。賞味期限は、冷蔵庫（5℃以下）で1ヵ月保存可能である。一週間で食べきった方がおいしい

⑶ **製法**

ミョウガ→洗浄→汚れた茎を切断→半割、四つ割り、または、硬い下部に切れ目を入れる→ポリ袋へミョウガと調味液を入れ密閉→冷蔵庫（5℃以下）

〈調味液〉

食酢	45ml
赤梅酢	45ml
本みりん	30ml
	120
ミョウガ	200g

注） ミョウガは菌が多い。食酢と赤梅酢にポリ袋で30分密閉してから、本みりんを添加すると菌が少なくなる。

● **予定成分**

食塩濃度3％、酸度1.2％

●エディブルフラワーの漬物

エディブルフラワー（食べられる花）の特徴ある香味と、美しい花を楽しむ

◆種、球根（ベゴニア）から栽培したエディブルフラワー

ナスタチューム（キンレンカ）

バーベナ

ベゴニア

　園芸店でのエディブルフラワーは矮化剤、バーベナ、ベゴニアは殺菌剤を使用しているため、食用にはできない。
　食用は、エディブルフラワー専門店から購入すること。

◆エディブルフラワーの漬物

八重桜
やや渋味がある

ナスタチュームと八重桜
ナスタチュームはワサビのようなピリッとした辛味がる

バーベナと八重桜
バーベナは上品な淡い味がある

ベゴニアと八重桜
ベゴニアは独特の酸味とシャキシャキとした食感がある

ナスタチューム、バーベナ、ベゴニアと八重桜
エディブルフラワー4種のそれぞれの香りと味を楽しむことができる

(1) 特徴

専門店のエディブルフラワーは1パック20輪で、1200円と高価であるため、身近にある八重桜をベースとして加工する。4種の異なる香りと味は、白ワイン、大吟醸の風味を深める。

(2) 賞味期限

皿に加工した八重桜とエディブルフラワーを入れ、サランラップを被せてものは、冷蔵庫で4日間（5℃以下）保存可能である。

(3) 製法

八重桜は蕾みがある枝から花を取る。花びらがバラバラとならないように、房を少し付けて置く。洗浄し水切りしたものへ、赤梅酢（白梅酢でも良い）、食酢、本みりんを1/3ずつ混ぜたものを同量入れる。液を上げてポリ袋で密閉して冷蔵庫に入れる（5℃以下）。1年間は保存可能。購入したエディブルフラワーは、同量の42倍した食酢液（酢酸として0.1％）を入れ撹拌5分後（殺菌と酢漬）、水切りして加工した八重桜に併せる。なお、食酢液は何回も使用できる。

なお、エディブルフラワーとしてはデンファーレ、ビオラ、バラ（苦い）等と多くあるが、ナスタチューム、バーベナ、ベゴニア、八重桜から見ると、食味は見劣りする。

（八重桜の食塩濃度は約3.3％、その他のエディブルフラワーは零％）

第5章　原料となる野菜や調味料

漬物用の野菜品種

　野菜は旬で、早取りでなく、大きく成長したものが旨い。一般に市販の野菜は、小ぶりで未熟なものが多い。コストの下がった、太めのキュウリやダイコン、青梅でなくアンズ色に変わたものが梅干し用として良い（白加賀）。このような野菜であれば、品種は問わない一面もあるが、漬物には適性品種があり、これを知って漬物加工したならば、より一層、おいしい漬物ができる。以下、漬物用の野菜品種を説明したい。

キュウリ
　現在の胡瓜は、形は良いが硬く、白い粉の付かないブルームレス系が主体であるが、本来は、歯切れを重視する刻み用は、四葉、味を重視する一本のしょうゆ漬（一本漬）は、常磐系が適している。

ハクサイ
　ハクサイ漬の品種は新理想、筑波錦から、病気に強く、また、葉の青、内部の白、中心の黄芯の三色が鮮明であって、味が良いことから、黄ごころが定着した。

ダイコン

1　干したくあん漬
　戦後は練馬ダイコンが長年使われたが、現在は耐病干し理想となった。青首は、干しには向かないため、西町理想や秋まさり等の白系ダイコンも、使われる。

2　新漬・浅漬ダイコン（一本、糖しぼり）
　青首ダイコンを使用する。青の少ない耐病総太り大根等が良い。浅漬ダイコン（糖しぼり）は、塩漬後、糖の浸透圧で水分を少なくして、干し大根の肉質、甘味に近づけたもので、一本でスーパーマーケット等で売られている。

3　さくら漬
　一番うまいのは、青首ダイコンの富美勢であるが、現在では手に入らなくなった。その他として秋冬ダイコンの都理想、大蔵大根、三浦大根が適している。

4　べったら漬
　昭和50年代は春栽培の美濃早生ダイコンであったが、平成10年頃には、秋冬ダイコンの白系ダイコンとなった。品種は新八州（色が変わり易い）、秋まさり（黄色になり易い）、耐病干し理想（長い）が主である。しかし、白系が手に入りにくい時は、青部を切り落とした耐病総太りが使われる。

食塩濃度と％表示

　しょうゆの塩分は、W/V％表示の17.5％であるが、漬物は、W/W％であるため、これをW/W％にすると、次のとおり、かなり低くなる。
注）W：weight 重量、V：volume 容量

	W/V％	比重	W/W％
こいくちしょうゆ	17.5	1.15	15.2
白しょうゆ	17.9	1.18	15.2
味噌			12

　これをもとに、本書の漬物の食塩濃度W/W％を、［使用した食塩が野菜へ浸透した量g＋（しょうゆの塩分＋味噌の塩分）］／［原料g＋調味液g］×100で計算（少数第2位を切捨）した。
　一般にパーセントの表示は、100g中のgの重量％（W/W％）であるが、業界によって異なる。上の表のようにしょうゆにおいては、W/V％とW/W％の表示では2％も異なるし、アルコールの場合（20℃）、容量100mℓ（V/V％）は、重量（W/W％）では78.99gとなり、2割以上異なる。
　漬物は、塩で漬ける時は、原料に対しての％を言うが、塩漬以降は、100g中のgの重量％（W/

W%）で示す。例えば、梅の漬込時の塩度16は、梅100gに対して塩16g使用するが、（W/W%）表示では、13.8%となる。

調味料

塩
　一般には銘柄の食塩（濃度99%）を使用する。自然塩（赤穂の天塩、海の精等）は、野菜と相性が良く、味や肉質は良くなる。しかし、しょうゆ等で味付すると、味の面では使用効果が分からなくなる。また、自然塩は食塩濃度が低いので、その分を計算して使用する必要がある。精製塩は、ニガリが少なく、歯切れ（ペクチン酸カルシウム等）ができないため、漬物には適さない。

甘味料
　砂糖（黒糖、三温、上白糖、グラニュー糖）、液糖、その他ステビア、甘草、スクラロース、アセスルファムカリウム、アスパルテーム等がある。これらは、様々な漬物製造に使い分けはあるが、本書では、漬物の甘味料として適している砂糖（上白糖）のみを使用している。しかし、本書では、漬物によって甘みだけでなく、風味をプラスしたい場合は、甘味料ではないが、本みりん、甘酒を使用している。

しょうゆ
　種類は、たまり、再仕込み、こいくち、うすくち（こいくちより食塩が高い。甘酒1～2割添加、全窒素「TN」1.15/dl以上）、白（小麦より大豆の割合が少ない。全窒素「TN」0.4～0.7g/dl）があり、JAS規格の特級、上級、標準があるが、市販品の多くは特級である。これらのしょうゆは、成分、風味、コストがかなり異なり、甘味料同様に様々な漬物製造に使い分けはある。本書でのしょうゆは「こいくち」、「白しょうゆ」を使用している。

　注）　TN：全窒素、この数値に5.71を掛けると蛋白質、ペプチド、アミノ酸の含量となり、旨味成分の目安となる。

味噌
　赤、白がある。漬物は、色を白くしたい場合は白を使用するが、一般には味成分が多い赤味噌を使用する。熟成した味噌が漬物に適するため、返品になった味噌の方が良い場合がある。独特の色香味がある名古屋の八丁味噌（赤だし）は、色が濃い鄙びた漬物にしたい場合には効果がある。

酒粕
　新粕（板粕）は一般には味噌汁や甘酒に使用するが、漬物には、わさび漬用（白くて軟らかい酒粕）と奈良漬用（梅雨を越した酒粕で褐色で軟らかい古粕）がある。新粕をわさび漬用の粕にするためには、新粕をポリ袋に入れ、コタツ（20～30℃）に3～7日置き、色の白いまま軟らかくする。

本みりん
　本みりんは、米、麹、アルコールで熟成した酒類である（アルコール13.5～14.5%）。通常は調味料として使用するが、本来は酒である。

甘酒
　酒粕を原料としたものが市販されているが。本来は、餅米、米麹と水の同量を混合し、55℃で約8時間、糖化して甘くしたものである。

酸味料
　本書では食酢（酢酸4.2%）を使用している。すし酢（酢酸3.52%、昆布だし）は、食酢より高コストであるが、塩8%（W/V%）、砂糖の外、昆布だしが入っているため、食酢より風味が良くなる。その他、クエン酸等の酸を含む、梅酢、レモン酢、ポッカレモン等を併用すると、食酢の単用よりも、特徴ある酸味が付与される。

漬物の漬かる原理など

　塩の浸透圧により、野菜細胞の原形質分離、次に、野菜の細胞死が起こって漬かる。細胞死の割合で、漬かる程度が決まり、浅漬、古漬となる。また、漬込中にペクチンエステラーゼの作用で、野菜のペクチンへカルシウム、マグネシウムが結合して歯切れが生まれる。

　その他、塩以外でも、加熱による野菜細胞死や加温した塩水に漬けて歯切れが形成され、漬物が漬かる。これについては、農文協出版の単行本「わが家の漬物革命」に記載した。

塩漬方法コツなど

塩漬方法のコツ

　野菜の塩漬方法のコツは、重石は重くして液を早く上げ、液が上がったならば、液が常に上がっている程度の軽い重石とする。これが、歩留、歯切れが良く、しかも、フックラとした肉質にするコツである。

　また、漬替をする場合、「捨塩の原理」という言葉がある。これは、塩が野菜内部へ入り平均化する前に早く漬替することである。早く漬替すれば、野菜の回りは飽和状態の塩があり、菌にダメージを与える。また、野菜の緑色や白色が鮮やかとなる。「捨塩の原理」のとおり捨てる塩が多くなるが、菌の少ない、白や緑色が鮮明な塩漬野菜ができる。

白系ダイコン、青首ダイコン

　青首ダイコンは浅漬ダイコンを除いて漬物には適さないため、古漬のたくあん漬が主であった昭和の時代は、漬物用のダイコンは、ほとんどが白系ダイコンであった。しかし、平成の時代に入ると、高齢者が多くなった農家は、根の浅い青首ダイコンの方が、抜きやすいため、白系ダイコンの栽培は少なくなった。

　なお、白系ダイコンは秋（冬）ダイコン、青首ダイコンは春ダイコンと称したが、近年は、市場において、白系ダイコンはなく、季節性を示す名称はなくなった。

たくあん漬

　本来のたくあん漬は、干しダイコンを糠と塩で漬けた一丁漬であったが、東京たくあん（塩押したくあん）が、安く大量生産が可能であることから、主流となった。このたくあん漬は、生ダイコンを塩で漬け、漬替を1～3回すると、肉質が干しに近づき、味の足りない分はグルタミン酸ナトリウム等で補ったものである。現在は、練馬たくあん、渥美たくあん、伊勢たくあん、阿波たくあん等の、多くの一丁漬たくあんの産地はなくなった。現在は、熱海市の七尾たくあん、一部、伊勢たくあんが残っているだけとなった。

カビ

　本書において、カビ（正しくは産膜性酵母）の発生を防ぐ記述が多い。この微生物はぬか漬の表面に出るものと同じであるが、空気と接する面に生育する（好気性菌）。この微生物はアルコール、酢酸（食酢の酸）には弱いが、有機物のほとんどを食べて異臭を発生させる。また、この微性物の生育と共に、酸敗を起こす乳酸菌、腐敗を起こす菌が生育する。また、ダニが共棲するため、この微生物の発生を防ぎたい。

冷蔵庫の温度

　漬物を保存する温度は、氷温（凍る寸前の温度マイナス2～3℃）であれば、品質は1年と長期に保たれる。かつ、酵素が働いて低分子の糖、アミノ酸ができ、それが細胞内へ浸透しておいしくなる。0～5℃では、密閉されていれば、低温に強いカビ（正しくは産膜性酵母）の生育が抑えられ、同時に、他の微生物の成育も、抑えられて長期に保存可能である。5～10℃では、かなり微生物の生育を抑えられるが、成育する微生物があり、長期には保存できない。

　本書では、設備費を要する氷温貯蔵は、一般的ではないため、記述はしなかった。本書において、微

生物の働きを抑えたい場合は、0～5℃とし、温度を表示していない場合は、スーパーマーケットの冷蔵ケースと同じ10℃を意味する。

醗酵漬物

　世界の3大醗酵漬物は、キムチ（韓国）、ザウエルクラウト（ドイツ）、ザーサイ（中国）である。その他欧米のピクルス、中国の酸菜（ゆでこみ菜）、岐阜県のスンキ漬（無塩漬物）が有名である。また、市販品の多くは醗酵漬物ではないが、家庭ぬか漬、民宿野沢菜、そして、京都の生しば漬も、醗酵漬物である。

腐敗・醗酵・酸敗の相違

　漬物を衛生的に漬ければ、乳酸菌が優勢となり、おいしい漬物となる。これが、乳酸発酵である。不衛生に漬けると、雑菌や産膜性酵母が優勢となり、腐敗となる。酸敗は、酸を多く生産する乳酸菌の ラクトバチラス・プランタム（ホモ型）、ラクトバチラス・ブレビス（ヘテロ型）が優勢となった状態である（pH4.3から3.6へ）。このヘテロ型が生育すると、炭酸ガス CO_2 により、刺激臭のある強い酸味となる。

漬物に関係する野菜の機能性成分

1　ラッキョウ

　ラッキョウの硫化メチル等の含硫油性成分は、胃液の分泌をよくする作用や抗癌作用がある。17.6％も多く含まれるフルクタンは、水溶性繊維である。繊維は肥満防止、血糖値の上昇を抑えたり、動脈硬化や大腸癌の予防効果がある。

2　ニンニク

　ニンニクを食べると元気になる成分はアリインである。アリインは、食べるとアリイナーゼにより分解され、アリシン、ピルビン酸等の成分が生成する。血小板凝集抑制作用（血液サラサラ）、抗酸化作用、抗癌作用がある。また、ラッキョウと同様にフルクタンを18.4％含んでいる。

3　ショウガ

　風邪の治療、消化機能の向上など代表的な生薬のひとつ。辛味成分ジンゲロールの加熱によりジンゲロンとジンゲロールができ、辛くなるが、これら成分は発汗作用があり、胃液の分泌をよくして、消化を促す作用がある。

4　タマネギ、ネギ等のネギ属

　辛く、催涙性のある含硫化合物（α－スルフイニルジスルフィド等）は、抗菌性、血小板凝集抑制作用（血液サラサラ）、抗酸化作用、抗癌作用がある。

5　シソ

　アトピー性皮膚炎、花粉症、慢性炎症に効果があるルテオリンが含まれている。赤い色素のアントシアンは、抗酸化作用がある。

6　その他の野菜

　緑黄色野菜は抗癌作用、香辛野菜は血小板凝集抑制作用（血液サラサラ）があるといわれ、免疫作用などの効果を含めると、ほとんどの野菜が、何らかの作用を有すると思われる。

調味料の機能性成分

1　みそは抗癌、血圧低下、老化防止等の作用がある。しかし、塩分の取りすぎに注意が必要である。
2　しょうゆ中のHEMF（ヒドロキシ・エチル・メチル・フラノン）の抗癌作用が知られている。しかし、食塩を多く含むため、その治療のために、しょうゆを使用できない。
3　食酢は、「食酢自然治癒力」や「自立神経」の働きを正常に戻す力がある。疲れや肩こりだけでなく、神経痛や糖尿病など様々な病気に効果があるといわれている。
4　酒粕は、高血圧、糖尿病や癌等に効果ある成分が見つけられている。また、酒粕を素手で作業し奈良漬を製造すると、手が白く綺麗になることは、昔から知られている。

乳酸菌の機能性成分
　漬物の乳酸菌は、植物性乳酸菌と称され、ヨーグルト等の動物性乳酸菌とは異なり、腸で生き抜く力が強いと言われている。乳酸菌の造る乳酸が、食中毒の原因となる悪玉菌を増やさないで、腸内細菌のバランスを整える作用がある。植物性乳酸菌の一種であるラブレ菌は、癌や肝炎の治療薬として有名なインターフェロンを生成する。

●著者略歴
大島　貞雄
（おおしま　さだお）
1941年群馬県前橋市生まれ。1964年東京農業大学を卒業後、同年埼玉県醸造試験場（現・埼玉県産業技術総合センター北部研究所）に勤務。生物工学部長で退職後、2001年から大島ピックルスコンサルタントを自営した。埼玉県漬物協同組合顧問、数社の埼玉県漬物企業顧問の傍ら、企業による特許「加温塩水漬」にもとづく漬物工場の立ち上げを技術面から支援した。
著書「わが家の漬物革命」

わが家は低塩・無添加のお漬物
── プロ技伝授 ──

2016（平成28）年7月 1日　　第1版第1刷発行
2016（平成28）年8月10日　　第2版第1刷発行

著　者　　大島　貞雄
発　行　　一般社団法人東京農業大学出版会
　　　　　代表理事　進士五十八
　　　　　住所 〒156-8502東京都世田谷区桜丘1-1-1
　　　　　Tel. 03-5477-2666　Fax. 03-5477-2747

Ⓒ大島貞雄
ISBN978-4-88694-465-8 C0077　￥1600E